전망 좋은 아빠

영재 아이를 키운 아빠의 생각

전망 좋은 아빠

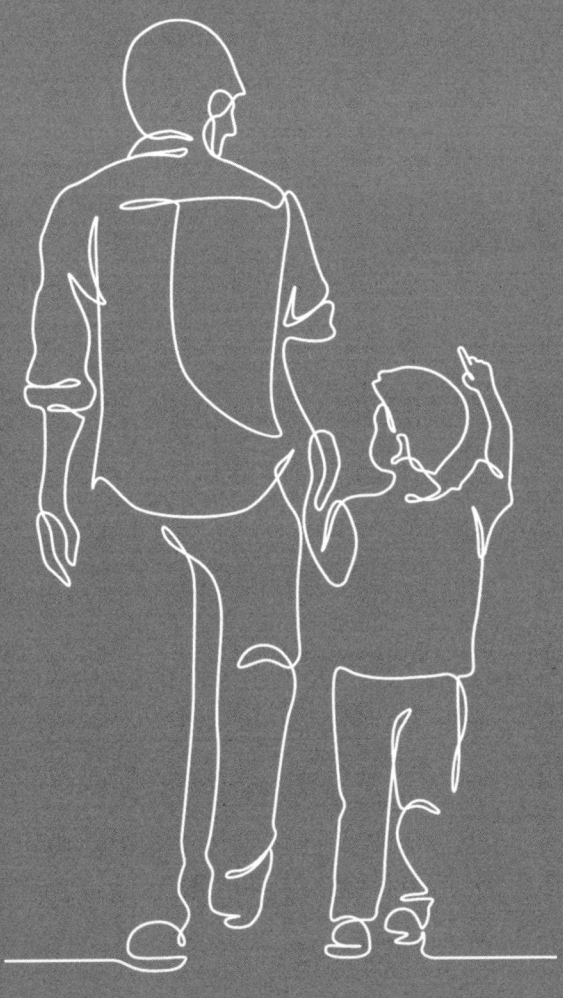

김형곤 지음

프롤로그: 전망 좋은 아빠

그녀는 강둑 난간에 두 팔꿈치를 기댔다. 그러자 그도 그렇게 했다. 같은 자세가 된다는 것은 때로 마술 같은 효과를 발휘한다. 그것은 영원한 우정을 암시하는 일들 가운데 하나다.

- 에드워드 포스터, 『전망 좋은 방』 중에서

전망 좋은 아빠는 아이의 독립성을 인정하면서 아이와 같은 자세를 취한다.

부모란 아이에게 어떤 '전망'을 보여주는 사람이어야 할까. 이 질문은 에드워드 포스터의 소설 『전망 좋은 방』(1908)을 떠올리게 한다. 이탈리아와 영국을 배경으로 한 이 소설은, 한 여주인공이 '전망이 좋은 방'을 통해 새로운 삶의 가능성을 발견하는 이야기다.

영국 상류층 집안의 딸 루시는 피렌체의 베르톨리니 여관에 묵게 된다. 그러나 그곳의 방은 아르노강이 보이지 않아 실망스러웠다. 이때, 아들과 함께 여행 중이던 에머슨 씨가 아르노강이 보이는 자신의 방과 바꾸자고 제안한다. 루시는 그 제안을 받아들인다.

피렌체 시내를 혼자 거닐다 잔인한 장면을 목격하고 기절한 루시를, 에머슨 씨의 아들 조지가 발견해 보살핀다. 그리고 정신을 차린 루시와 조지는 강둑 난간에 나란히 서서 흐르는 아르노강을 바라본다. 이때 그들은 처음으로 서로 같은 자세를 취한다. 나란히 서서 같은 풍경을 바라보는 것만으로도 마음이 통하는 순간이었다.

그들은 말없이 연결되었고, 강물처럼 흐르는 우정을 나누게 된다. 관계란 서로를 억누르지 않고 같은 곳을 바라볼 수 있는 것만으로 충분하다는 메시지. 이 시간은 루시의 삶의 전환점이 되었다. 반면 루시의 약혼자 세실은 루시와 결코 같은 자세를 취할 수 없었다. 그는 인간관계를 보호자와 피보호자의 위계로 이해했고, 루시가 갈망하던 동료애나 자유로움과는 거리가 멀었다.

루시는 세실에게 말한다. "당신을 생각하면 배경은 방 안이에요. 바깥 전망이 보이지 않는, 전망이 없는 방이에요." 그리고 이어서 외친다. "나는 보호받기 싫어요. 어떤 게 여자다운 건지, 옳은 게 뭔지 나 자신이 판단하고 싶어요." 그녀는 결국 세실과 파혼하고, 조지와 결혼해 피렌체로 신혼여행을 떠난다.

『전망 좋은 방』 이야기로 시작한 이유는 아이 교육에 대한 내 생각을 말하기 위해서이다. 나에게는 아들이 한 명 있다. 아들은 내가 39세가 되었을 때 태어났다. 아내가 병원에서 수년에 걸쳐 난임 치료를 받은 후에 어렵게 태어났다. 그리고 더 이상 아이가 생기지 않았다. 우리 부부에게는 너무나 소중한 아이. 우리에게 주어진 이 아이를 잘 키워야 한다고 생각했다.

나는 아이에게 항상 좋은 전망을 보여 주는 아빠가 되고 싶었다. 아이가 나를 떠올릴 때마다 끝없이 펼쳐진 아름다운 풍경이 함께 떠오르기를 바랐다. 아이와 같은 자세를 취하고, 영원한 우정을 나누는 사이가 되기를 꿈꿨다. 소설『전망 좋은 방』처럼, 진정한 사랑이란 아이를 억누르지 않고 아이의 독립성을 인정하는 것이라고 믿기 때문이다. 같은 곳을 바라보며 함께 서 있는 것, 그게 내가 생각하는 진정한 아빠의 사랑이다.

로버트 그린이 쓴『인간 본성의 법칙』에서는 "여러 신호들 중 가장 짜릿하고 좋은 신호는 두 사람이 동기화되는 것, 즉 상대가 무의식적으로 당신 모습을 따라 하는 것이다"라고 했다. 나 역시 아이와 같은 자세를 취하며, 아이에게 그런 짜릿한 동기화의 신호를 주고 싶었다. 함께 많은 시간을 보내고, 아이의 말에 귀 기울이며 깊이 공감하는 아빠. 내 생각을 솔직하게 전하되, 그 생각으로 아이를 가두지는 않는 아빠가 되고 싶었다.

하지만 말처럼 쉽지는 않았다. '전망 좋은 아빠'가 되기 위해 무엇을 해야 할지 오랫동안 고민했다. 시행착오도 있었지만, 그 과정에서 얻은 결론들을 하나하나 실천에 옮겼다. 그리고 대부분 좋은 결과로 이어졌다.

그 덕분일까. 아이는 반듯하게 잘 자라 주었다. 특히 공부 면에서는 기대 이상의 성과를 보여주었다. 아이는 중학교 과정을 월반해 한국과학영재학교에 2년 일찍 입학했다. 졸업 후에는 서울대 공대를 2년 조기 입학했고, 대학에서도 좋은 성적을 유지하고 있다. 지금은 병역의 의무를 이행 중이며, 앞으로 어떤 길을 선택하든 어릴 적부터 길러 온 '먼 곳을 내다보는 눈'이 아이를 흔들림 없이 이끌어 주리라 믿는다.

부모는 아이의 가장 중요한 환경이다.

아이가 공부를 꽤 잘하니, 주변에서는 "타고난 유전자 덕분 아니냐"는 말을 하곤 한다. 아마도 내가 서울대에 두 번 진학한 이력이 있어서일 것이다. 나는 1985년에 서울대 물리학과에 입학했다. 당시에는 서울대에서도 가장 높은 입학 점수를 기록한 학과였다. 하지만 첫 학기를 채 마치기도 전에 학업을 그만두고 재수를 택했고, 다음 해에는 서울대 언론정보학과에 입학했다. 이런 내 이력을 알고 있는 사람들은 아이의 학업 성취가 '유전자의 힘' 덕분이라고 쉽게 단정 짓는다. 마치 자연스럽게 자동으로 그렇게 된 것처럼 말이다.

그러나 공부를 잘하고 어떤 분야에서 탁월한 성과를 내는 것이 유전자 덕분이라고만 말할 수는 없다. 나 역시 서울대에 가기 위해 온전히 집중하고, 한눈팔지 않으려 애쓰며 부단히 노력했다. 그래서 그 결과가 따라온 것이다. 이 세상 누구도 유전자만으로 자동으로 공부를 잘하게 되지는 않는다. 라틴어에서 '공부하다'라는 뜻을 가진 단어 'studere'는 '전념하여 노력하다'라는 의미를 담고 있다고 한다. 공부란 결국 얼마나 진지하게 노력하고 전념했느냐에 달린 일이다. 우리 아이도 어릴 때부터 누구보다 성실하게 노력해 왔기에 지금의 성과를 이루었다고 믿는다.

아이가 전념해서 노력할 수 있으려면, 그에 걸맞은 환경을 만들어 주는 부모의 노력이 필요하다. 아이의 어린 시절, 부모는 아이에게 가장 중요한 환경이 된다. 말콤 글래드웰은 저서 『아웃라이어』에서 성공을 위한 '1만 시간의 법칙'을 이야기한다. 어떤 분야에서든 1만 시간의 노력이 쌓이면 탁월한 성과를 낼 수 있다는 것이다. 하지만 그는 단순히 시간이 전부는 아니라고 강조한다. 누구나 1만 시간을 노력할 수 있는 건 아니며, 그 노력이 가능하려면 반드시 적절한 환경이 뒷받침되어야 한다고 말한다.

예를 들어, 세계에서 가장 유명한 록 밴드 비틀스도 처음부터 특별했던 것은 아니다. 1960년 당시, 그들은 그저 열심히 노력하는 고등학교 밴드였다. 그러던 중 독일의 함부르크 클럽에서 연주할 기회를 얻게 되었다. 그리고 그곳에서 매일 8시간씩 쉴 새없이 무대에 올랐다. 급료가 제대로 나온 것도 아니고, 음향이 훌륭했던 것도 아니다. 관객들도 음악을 제대로 듣지 않았다. 하지만 그 혹독한 환경 속에서 오랜 시간 연주에 몰두할 수 있었던 경험은 비틀스를 완전히 다른 밴드로 성장시키는 계기가 되었다. 1960년부터 1962년 말까지, 남들보다 훨씬 많은 시간 무대에 선 그들의 경험은 '1만 시간의 법칙'을 입증하는 대표적인 사례다.

이처럼 '1만 시간의 노력'은 적절한 환경이 뒷받침될 때 가능하다. 비틀스가 함부르크 클럽이라는 무대를 통해 끊임없이 연주할 수 있었던 것처럼, 노력에는 환경이 필요하다. 아이들도 마찬가지이다. 아직 성인이 아닌 아이들이 스스로의 의지만으로 긴 시간 노력하는 것은 쉽지 않다. 그래서 아이 곁에서 끊임없이 격려하고, 가능성을 지원해 주는 부모의 역할이 결정적이다. 아이들이 어린 시절 어떤 환경 속에서 자라는지는, 노력의 질과 성과에 큰 영향을 미친다. 결국 타고난 유전자보다 중요한 것은 부모가 아이에게 어떠한 환경을 만들어 주는가이다.

이 책에는 내가 아이를 키우며 느꼈던 것들, 실천해 왔던 것들이 담겨 있다. 아이의 탄생부터 지금까지, 그 모든 시간이 내게 가르쳐 준 것들. '전망 좋은 아빠'가 되기 위해 내가 어떤 마음으로 아이를 대했고, 어떤 노력을 해 왔는지 그 과정을 솔직하게 나누고자 한다.

이 책에서 말하는 내 생각들이 모든 아이에게 꼭 맞는 답이라고 믿지는 않는다. 사람마다 처한 상황이 다르기에, 아이를 키우는 방식도 각기 다를 수밖에 없다고 생각한다. 그럼에도 불구하고, 내가 아이에게 '좋은 전망'을 주기 위해 노력했던 과정이 다른 부모들에게 작은 도움이 되기를 바란다. 특히 자녀 교육에 대해 무관심한 태도를 '강요'당하기도 하는 아빠들에게, 이 이야기가 따뜻한 응원이 되기를 진심으로 바란다.

차례

프롤로그: 전망 좋은 아빠   5

1장 아이에게 아빠는 어떤 존재여야 할까

사랑: 아빠는 아이에게 무한한 사랑을 주는 존재   18
관계: 아이를 추앙하는 부모   26
산책: 아이와 가까워지는 시간   34
모범: 훌륭한 인간으로 성장하는 아빠   42

2장 아이의 성장을 위해 필요한 것들

운동: 나를 뛰어넘는 활동   50
노력: 성취에 이르는 방법   58
고난: 위기와 실패는 성장의 여정   68
성찰: 나를 돌아보기   76
저항: 나를 극복하는 과정   82

3장 좋은 습관이 좋은 아이를 만든다

습관: 노력에 의해서 만들어지는 것 · 90
절제: 삶을 단순하게 만들기 · 98
정직: 아이의 평생 행복을 위한 습관 · 106
기억: 스마트폰으로부터 멀어지기 · 114
질투: 타인과의 비교에서 벗어나기 · 122

4장 아이의 공감 능력 발달을 위해 필요한 것들

경청: 아이에게 정성을 쏟는 시간 · 130
독서: 책을 읽는 아이 만들기 · 138
배움: 성장을 위해 평생 해야 하는 것 · 146
뉴스: 새로운 것에 대한 인식 넓히기 · 154

5장 아이의 행복한 미래를 위해 부모가 해야 할 것들

자유: 아이 스스로 자기 일을 할 수 있는 자유　　162
훈련: 아이를 엄하게 가르칠 필요　　170
강점: 아이를 움직이는 힘　　180
낙화: 내리막의 순간을 견뎌내기　　188

6장 목표, 실행 그리고 완료

행복: 성장을 통한 기쁨 찾기　　196
목표: 인생의 길잡이 찾기　　204
대망: 크고 원대한 목표의 중요성　　212
실행: 한 걸음의 중요성　　220
완료: 완벽보다 더 중요한 완료　　228

7장 아이와 함께 보내는 시간이 중요한 이유

여행: 아이와 행복한 기억 만들기	236
도전: 한계를 넘어서기	244
예술: 아직 오지 않은 나를 꿈꾸게 하는 힘	252
이별: 아이에 대한 사랑의 지향점	260

에필로그: 하늘의 전망	266
작가 인터뷰	271

아이에게 아빠는
어떤 존재여야 할까

1장

● 사랑

아빠는 아이에게
무한한 사랑을 주는 존재

바다의 깊이를 재기 위해
바다로 내려간
소금인형처럼
당신의 깊이를 재기 위해
당신의 피 속으로
뛰어든
나는
소금인형처럼
흔적도 없이
녹아버렸네

- 류시화, 「소금인형」 전문

부모는 아이에게 무한정의 사랑을 줄 수 있는 존재가 되어야 한다.

아이가 막 태어났을 때의 흥분되는 순간을 평생 잊지 못한다. 아니, 잊을 수가 없다. 작고 여린 몸, 하지만 쿵쾅거리던 심장 소리는 그 무엇보다 강하게 다가왔다. 그토록 작고도 강렬한 존재가 나에게로 다가온 순간, 세상이 달라졌다. 제왕절개수술을 통해서 아이가 태어났을 때, 의사는 수술실 밖에 서 있던 나를 손짓해 불렀다. 그리고 막 태어난 아이를 안겨 주며 신생아실로 가자고 했다. 불과 5분도 되지 않는 짧은 시간이었지만, 나는 그 순간 아이의 기운을 온전히 느꼈다. 그때부터였을까. 나는 아이와 내가 영원히 연결되어 있다고 믿게 되었다.

아이와 연결되어 있다는 감정은 '나'라는 존재를 잊게 만든다. 마치 류시화의 시에 나오는 소금인형처럼, 아이 앞에서 나는 흔적도 없이 녹아내리는 존재가 되었다. 아이가 슬퍼할 때나 아이가 행복할 때, '나'라는 사람은 사라지고, 진정으로 공감하며 슬퍼하고 기뻐할 수 있게 되었다. 아이가 힘들어할 때, 내가 힘들 때보다 더 힘들다는 생각이 들었다. 아이가 왜 힘들어하는지를 진정으로 알고 싶었다. 아이의 마음속을 알고 싶어 아이의 핏속으로라도 들어가고 싶었고, 그 순간 나는 소금인형처럼 녹아서 사라져도 괜찮을 것 같다는 생각이 들었다.

부모는 아이에게 무한한 사랑을 줄 수 있는 존재가 되어야 한다. 왜냐하면 아이는 존재만으로도 이미 충분히 고마운 존재이기 때문이다. 부모에게 필요한 것은 아이의 마음을 있는 그대로 받아들이고 깊이 공감해 주는 일이다. 그럴 때 무엇보다 필요한 자세는 '나'를 내려놓는 것이다. 내 생각, 내 고정관념, 내 감정을 잠시 비워낼 때 비로소 아이의 마음속 작은 목소리가 들린다. 아이 앞에서 소금인형처럼 나를 녹일 수 있어야, 아이의 마음 안으로 들어갈 수 있다.

우리 집 앞에는 오륙도라는 작은 섬이 있다. 보는 방향에 따라 다섯 개로 보이기도 하고, 여섯 개로 보이기도 해서 그런 이름이 붙었다. 그 섬에는 하나의 등대가 있다. 등대는 변화무쌍한 바다에서 길을 잃지 않게 해 주는 존재다. 사람에게도 그런 등대 같은 존재가 필요하다. 삶이 힘들고 방향을 잃었을 때, 그 빛이 희미하게라도 비치면 다시 나아갈 수 있다.

부모는 아이에게 그런 등대여야 한다. 한없는 사랑으로 아이의 삶을 비춰 주고, 혼란스러운 세상 속에서도 아이가 방향을 잃지 않도록 곁을 지켜 주는 존재. 그 빛이 있다면 아이는 어떤 파도 앞에서도 무너지지 않을 수 있다.

부모는 전적으로 의무적이고
이타적이며 희생적이어야 한다.

중국의 소설가 루쉰은 "깨어 있는 부모는 전적으로 의무적이고 이타적이며 희생적이어야 한다"고 했다. 아이는 스스로 원해서 태어난 존재가 아니다. 부모의 선택과 본능, 그리고 우연 속에서 이 세상에 오게 된 존재다. 그렇기에 부모는 아이를 책임져야 한다. 그리고 그 책임은 전적으로 의무적이고 이타적이고 희생적이어야 한다. 아이는 부모의 미래이면서, 우리가 속한 공동체의 미래다. 우리보다 더 멋지고 괜찮은 사람으로 자라날 수 있도록 돕는 것, 그게 이 시대를 살아가는 부모의 몫이다. 그리고 그 밑바탕에는 부모의 이타적이고 희생적인 자세가 깔려 있어야 한다.

태어난 지 얼마 되지 않아, 아이가 빙그레 미소를 지어 주었다. 물론 그보다 훨씬 더 많은 시간 동안 울음을 터뜨리긴 했지만…. 그 미소 하나만으로 온 세상이 환해졌다. 아이는 천진난만한 미소 한 번으로도 많은 것을 가르쳐 준다. 흔히들 '아이를 낳고 나면 어른이 된다'고 말한다. 나 역시 그 말을 실감했다. 아이는 난생처음 나보다 더 중요한 사람이 있다는 것을 느끼게 해 준 존재다. '나'라는 사람을 벗어나서 나보다 더 소중한 사람이 있다는 것을 알게 되는 순간, 나의 한계를 넘어서고 있음을 느낀다. 사람은 자신의 한계를 뛰어넘어 성장할 때 더 성숙해진다. 아이를 통해 온전한 이타적인 마음을 가지게 된 뒤, 나는 비로소 어른이 되었다.

아이는 부모의 사랑으로
심리적 안전감을 느낀다.

아이를 진실로 사랑하고 있다고 느낄 때, 그 감정을 숨기지 않고 드러내는 것이 좋다. 누군가를 사랑하고 있다면 자주 그 감정을 표현해 주는 것이 필요하다. 김남조 시인은 '사랑, 된다'라는 시에서 "… 사랑 된다/ 많이 사랑하고 자주 고백하는 일/ 된다 다 된다"라고 했다. 아이를 많이 사랑한다면 자주 그 감정을 드러내서 표현해주는 것이 좋을 듯하다. 아이는 존재 그 자체로 부모에게 기쁨이 된다. 그런 느낌을 아이에게 말로 전해주는 것이 아이에게 용기를 주는 것이다. 아이에게 사랑한다고 고백하는 것은 언제든 된다. 다 된다.

아이는 부모에게서 진심으로 사랑받고 있다는 것을 느꼈을 때, '심리적 안전감(psychological safety)'을 느끼게 된다고 한다. 심리적 안전감은 실수를 하거나 문제가 생겼을 때 혹은 자유롭게 아무 말이나 했을 때, 비난받지 않고 포용해주는 환경에서 생겨나는 것이다. 아이는 심리적 안전감을 느끼는 가정에서 자랄 때 편안함을 느끼게 되고, 새로운 것에 도전할 용기를 가지게 된다.

심리적으로 불안한 상태에 있는 경우, 아이는 새로운 것에 도전할 용기를 얻지 못하고 의기소침한 상태로 지내게 된다. 작은 실수나 실패에도 용기를 잃게 되는 것이다. 그러므로 아이에게는 부모의 사랑으로 만들어지는 심리적 안전감이 절대적으로 필요하다. 심리적 안전감을 느끼는 아이는 설령 잘 안 되는 일이 있더라도 절망하지 않고, 새롭게 일어설 용기를 갖게 된다.

아이 앞에서 나라는 사람이 소금인형처럼 녹아버릴 때까지 아이를 사랑해 보자. 그것은 마술 같은 효과를 발휘할 것이다. 아이가 태어났을 때의 심장 두근거림과 아이의 밝은 미소를 기억하면서, 아이에게 아낌없이 사랑을 주도록 하자. 그것만으로도 아이는 잘 자랄 수 있을 것이다. 아이가 부모로부터 자신의 존재에 대한 가치를 느낄 때 아이는 용기를 가질 수 있다. 아이는 자신이 가치 있다고 느낄 때 새로운 한 발을 내딛을 수 있다.

부모는 아이에게 그런 등대여야 한다
그 빛이 있다면 아이는 어떤 파도 앞에서도
무너지지 않을 수 있다

● 관계

아이를 추앙하는 부모

"확실해? 봄이 오면
너도 나도 다른 사람 되어 있는 거?"
"확실해."
"추앙은 어떻게 하는 건데?"
"응원하는 거. 넌 뭐든 할 수 있다.
뭐든 된다. 응원하는 거."

- 드라마 '나의 해방일지' 중에서

부모와 아이는
서로를 추앙하는 관계가 되어야 한다.

국어사전에서 '추앙하다'의 뜻을 찾아보면, '높이 받들어 우러러보다'라 풀이되어 있다. 하지만 TV 드라마 '나의 해방일지'에서는 추앙한다는 것을 "뭐든 할 수 있다고 응원하는 거"라고 이야기한다. 여자 주인공은 매일 술만 마시며 무력감에 빠져 있는 남자 주인공에게 자신을 추앙하라고 요구한다.

'나의 해방일지'에서 추앙의 관계는 일방적이지 않다. 상호적인 관계로 발전해 나간다. 남자 주인공이 여자 주인공을 추앙하게 되자, 여자 주인공도 남자 주인공을 추앙하게 된다. 서로가 서로를 믿는다. 그리고 서로가 뭐든 할 수 있다고 응원하는 사이가 된다. 나아가 서로 사랑하게 되고, 해방감을 느낀다.

이는 아이에게도 적용될 수 있다. 부모가 아이를 전적으로 믿고 응원할 때, 아이도 부모를 전적으로 믿을 수 있다. 즉, 부모의 아이에 대한 추앙이 아이를 변하게 할 수도 있는 것이다. 결국 '추앙'의 감정과 행위는 상호적인 것으로 확장된다. 서로가 서로를 추앙하는 관계가 되도록 말이다. 자녀 양육에서는 부모와 아이가 서로를 전적으로 믿고 응원하는 관계, 즉 추앙하는 관계가 되는 것이 절대적으로 필요하다.

서로 추앙하는 관계가 되면, 서로에게 잘 보이기 위해 애써 노력하지 않아도 된다. 생각해 보자. 누군가에게 잘 보이려 노력하지 않아도 될 때, 우리는 편안함을 느끼게 된다. 부부 사이, 부모와 자식 사이가 서로 추앙하는 관계가 되면, 집이 아주 편안하고 자유로운 공간이 된다. 인간은 '이 사람과 함께 있으면 자유롭게 행동할 수 있다'는 생각이 들었을 때 사랑을 실감할 수 있다. 그러니까 추앙은 사랑을 실감할 수 있게 하는 길이다.

추앙하는 관계가 되면 아이는 부모 앞에서 어떤 말도 할 수 있게 된다.

어릴 때 우리 아이는 정말 말을 많이 했다. 처음 사물을 인식하기 시작했을 무렵에는 솔직히 귀찮다고 느낄 정도였다. 색깔을 배우고 나서는 "왜 바다랑 하늘은 파래?" 하고 물었고, 계절을 배우고 나서는 "왜 봄이 오면 나무에 초록 잎이 돋나?" 하고 물었다. 그 외에도 아이의 시선에서 나올 수 있는 엉뚱한 말들이 끊임없이 이어졌다.

나는 아이와 놀거나 활동할 때마다, 아이의 생각을 물었고 무엇을 말하든 마음껏 이야기할 수 있도록 했다. 특히 5~6살 무렵, 아이의 말이 폭발적으로 늘어났을 때도 그 말들을 끝까지 들어주기 위해 노력했고, 어떤 질문도 함부로 넘기지 않았다.

아이가 '항상 무슨 말이든 할 수 있다'고 생각할 수 있도록, 집안 환경을 만들기 위해 노력했다. 자신의 속마음을 숨기지 않고 겉으로 드러내서 말할 수 있는 가족 관계를 만들기 위해서 최선을 다했다. 혹시 실수하거나 잘못한 일이 있을 때도 숨김없이 말하면 받아주고, 다음에 잘할 수 있도록 응원해 주었다. 나도 아이 앞에서 마음속에 있는 말들을 꺼내놓았다. 그러면 아이도 진지하게 내 말을 들어주고 그 이야기에 공감해 주었다.

우리 아이와 나는 어려서부터 많은 대화를 나누었다. 아이가 성인이 된 지금도 마찬가지다. 군대에서 휴가를 나오면 삼겹살집이나 횟집에서 소주잔을 기울이며 둘만의 시간을 보내기도 한다. 그렇게 아이와 나는 서로의 속마음을 진심으로 이해하는 관계가 되었다. 아이가 군대에 있는 동안에는 서로 편지를 써서 주고받기도 했다. 말로 표현하기 힘든 마음속 이야기도 편지를 통해서는 전달이 된다.

알프레드 아들러는 "어릴 때부터 속마음을 표현하지 않고 주위에 맞추기만 하는 사람은 자신을 믿을 수 없게 된다"고 했다. 즉, 자신의 통일된 정체성을 만들어 나가기가 어려워진다는 뜻이다. 부모가 아이를 믿지 못하고 일방적으로 억누르기만 하면, 아이는 자연스럽게 부모의 눈치만 살피게 된다. 그러면 자기 정체성을 확립하지 못하고 자기 신뢰를 잃게 된다.

자신을 믿지 못하는 사람이 타인을 온전히 신뢰하기는 어렵다. 결국 사회 속에서도 건강한 관계를 맺기가 힘들어진다. 그러므로 아이가 어릴 때부터 부모 앞에서 속마음을 다 이야기할 수 있도록 아이를 믿고 추앙해 주어야 한다.

부모와 아이의 관계가 좋아야 많은 대화를 나눌 수 있다.

유대인들의 교육 방식에서 자주 언급되는 것이 '하브루타 교육'이다. 이는 자유롭게 질문하고 서로 묻고 답하면서 진리를 찾아나가는 과정을 말한다. 식사 시간에 아이와 간단한 문답식 대화를 나누는 '밥상머리 교육'도 이런 하브루타 방식의 영향일 것이다.

'하브루타'는 단순히 대화 방법이 아니라 '관계'를 의미한다. 이것은 아이와 대화할 때, 말의 내용보다 관계가 더 중요하다는 것을 뜻한다. 즉, 부모와 아이가 맺는 관계에 따라 부모의 말이 영향력을 갖게 될지가 결정되는 것이다. 아이와 부모 간의 관계가 좋으면 아이는 부모 말에 귀를 더 기울이게 된다. 또한 아이도 그 관계에 따라 부모에게 자유롭게 말할 수도 있고, 그렇지 않을 수도 있다. 결국 부모와 관계가 좋은 아이는 부모와 많은 대화를 나눌 수 있게 된다.

부모와 아이가 서로 많은 대화를 나눌 수 있다는 것은, 자녀양육에서 매우 중요한 부분이다. 이때 명심해야 할 것은 아이의 독립성을 인정해 주어야 된다는 점이다. 독립적인 인격체로서 아이의 말을 끝까지 들어주고, 존중해 주어야 한다. 사랑은 항상 상대방에 대한 존중을 포함해야 한다. 존중이 없는 사랑은 소유욕으로 전락하기 쉽다.

부모들 중에 아이를 통해서 자신의 한을 풀고자 하는 경우가 있다. 이런 마음이 깔려 있다면 결국 아이의 마음을 존중하지 않게 되고 답을 강요하게 된다. 결국 아이는 자신의 속마음을 솔직하게 표현하지 못하고, 부모의 눈치를 보게 된다. 이렇게 독자적인 인격으로 존중받지 못하고 자란 아이는 창의성을 발휘하기가 어렵다. 그래서 아이가 자기 생각을 솔직히 말할 수 있는 환경, '뭐든 말할 수 있는 신뢰의 관계'가 무엇보다 중요하다. 그런 관계 속에서 아이는 말 그대로 자유롭게 성장할 수 있다.

부모와 아이가 서로 많은 대화를
나눌 수 있다는 것은
자녀양육에서 매우 중요한 부분이다

이때 명심해야 할 것은 아이의 독립성을
인정해 주어야 된다는 점이다

산책

아이와 가까워지는 시간

보고 싶어라
오늘도 그 사람을 떠올리려
산책을 하네
따뜻한 손 그리고 그 감촉
내가 쏙 들어앉아 있던 그 눈동자
그 마음 아무것도 바라지 않고
사랑을 주던 그가 보고 싶어지네

- 백예린, <산책> 중에서

아이와 함께하는 산책은
서로에게 온전히 집중할 수 있는 시간이다.

내가 살고 있는 집 근처에는 산책할 만한 곳이 많다. 집 앞에 바로 바다가 있고 그 바다 건너 가까운 곳에 오륙도가 있다. 오륙도 근처 바닷가로 가볍게 산책을 해도 되고, 그곳에서 해안 절벽을 따라 나 있는 오솔길을 따라서 갈 수도 있다. 집 뒤로는 장자산이 있다. 해발 224.6m의 나지막한 산이라서 정상까지도 가벼운 산책을 하는 기분으로 다녀올 수 있다.

산책하는 길에는 이름 모를 야생화들이 핀다. 계절별로 갖가지 아름다운 꽃들을 볼 수 있다. 야생 동물들도 보인다. 여름이 되면 반딧불이가 밤을 밝히고, 가끔은 산책길을 가로질러가는 뱀들도 만난다. 까마귀, 까치, 갈매기, 꿩, 왜가리, 매 등의 다양한 새도 있다.

아이가 어릴 때는 시간만 나면 함께 집 근처에서 산책을 했다. 항상 손을 꼭 잡고 다녔다. 아이가 초등학교 고학년이 되면서부터는 손을 잡지 않았지만, 아직도 그 따뜻한 손의 감촉이 생각난다. 〈산책〉의 가사처럼, 산책할 때의 아이 눈을 보면 그 눈동자 안에 내가 쏙 들어앉아 있음을 느끼곤 했다. 아무것도 바라지 않고 나에게 진심 어린 사랑을 주는 아이. 아이는 고등학생 때부터 기숙사 생활을 했고, 그때부터 아이와 산책할 기회가 많이 줄어들었다. 대신 아내와 함께 혹은 혼자서 산책을 다니는데, 그때마다 아이 손을 잡고 산책을 다니던 시절이 생각난다.

  아이가 어릴 때 함께 산책하는 것은 여러모로 장점이 많다. 아빠와 아이가 서로에게 오롯이 집중할 수 있는 시간이 된다. 아이와 더 가까워지고 싶다면, 습관적으로 함께 걷는 시간을 갖는 것을 권하고 싶다. 누군가를 소중한 사람으로 만들려면, 그 사람과 시간을 함께 보내야 한다.

  생텍쥐페리의 소설 『어린 왕자』에서 어린 왕자와 여우가 서로에게 특별해진 것도 같은 시간을 함께 보냈기 때문이었다. 시간을 들이지 않으면, 누구도 내게 소중한 사람이 될 수 없다. 많은 아빠가 시간이 없다는 이유로 아이와 함께 있는 시간을 미루곤 한다. 하지만 억지로라도 시간을 내어 아이와 함께 걷는 순간을 만들어야 한다. 그 짧은 산책이 아이의 마음속에 오래 남는 '함께의 기억'이 될 수 있기 때문이다.

산책은 아이가 건강하게 성장할 수 있는 기반이 된다.

  산책은 아이가 건강하게 활동할 수 있는 기반이 된다는 점에서도 중요하다. 자연을 즐기면서 걷는 행위는 성장기 아이들의 체력을 다지는 데 도움을 준다. 의식적으로 운동을 하지 않아도, 규칙적인 산책은 건강에 도움이 될 것이다.

또한 산책은 정신 건강에도 도움을 준다. 성장기 아이들이 자연 속에서 오감을 쓰는 경험을 꾸준히 하지 않으면, 뇌 성장의 균형이 깨지게 된다. 자연 친화적인 환경에서 아이들이 충분히 시간을 보낼 수 있게 해 주지 않으면 지각이 제대로 발달하지 않는 것이다. 그래서 꾸준히 자연을 접하는 산책이 아이들에게는 중요하다.

또 현대 사회의 여러 가지 전자기기로부터 벗어날 수 있는 시간을 가질 수 있다는 점에서도 좋다. 산책하는 시간만큼은 자연과 서로의 호흡을 느낄 수 있다. 집에 있으면 보고 싶은 넷플릭스 시리즈나 매일 업데이트되는 유튜브 콘텐츠, 즉각 도파민을 분출시키는 쇼츠에 갇혀 버릴 가능성이 크다. 자연 속에서 나무와 꽃을 보고 시원하게 불어오는 바람을 맞으며 산책하다 보면, 아이는 인공적인 콘텐츠의 홍수에서 벗어나 자연을 느끼게 된다. 그러면서 차분하게 주변을 돌아볼 수 있는 여유를 가지게 된다.

또 산책하는 동안은 아이와 집중해서 대화할 수 있는 시간을 가질 수 있다는 점이 좋다. 우리 아이가 어릴 때, 산책하는 동안 아이는 호기심을 가지고 내게 많은 것을 물어보았다. 나에게는 익숙한 것이 아이에게는 새롭고 신기한 것이었기 때문이다. 봄이 되면 꽃이 왜 피는지, 여름에 나뭇잎 색깔이 왜 더 짙어지는지,

가을에는 왜 단풍이 들고 나뭇잎이 떨어지는지 등 신기하게 생각되는 것들이 많았던 것 같다. 아이는 내게 많은 질문을 쏟아냈고, 나는 대답을 해 주기도 하고, 내가 잘 모르는 건 집에 가서 책에서 같이 답을 찾아보자고 했다. 산책은 아이가 과학에 대한 관심을 키우는 중요한 계기가 되었다.

양자역학 연구로 노벨상을 받은 물리학자 리처드 파인만의 아버지는 '산책 학습'을 통해 파인만을 훌륭한 물리학자로 키워 냈다고 한다. 파인만의 아버지는 유니폼 판매원이었다. 변변한 지식은 없었지만 좋은 아버지가 되고 싶었다. 아들에게 가르치고 싶은 것이 생기면 책상에 바로 앉히지 않고 산책하러 나갔다. 파인만의 아버지는 산책하다가 새를 마주치면 새 이름을 알려 준 다음, '저 새가 무엇을 하는지 알아야 한다'고 했다. 그렇게 호기심을 일깨운 뒤 귀가해 아들을 무릎에 앉혀 책을 읽었다. 파인만은 세계적인 물리학자로 성장한 뒤, "내가 배워야 할 모든 것은 아버지에게서 배웠다"고 말했다고 한다.

진정으로 위대한 생각은 걷기에서 나온다.

철학자 니체는 "진정으로 위대한 생각은 전부 걷기에서 나온다"고 했다. 산책 중에는 여러 가지 생각을 하게 된다. 내가 경험했던 과거의 일을 돌이켜 생각해 보게 되고, 앞으로 내가 무엇을 해야 할지도 생각하게 된다. 산책을 하면서 그 여러 가지 생각들을 차분하게 정리할 수 있다. 걸으면서 떠오르는 다양한 생각들이 서로 연결되며, 미처 떠올리지 못했던 아이디어가 떠오르거나 오래 고민하던 문제의 해답을 찾게 되기도 한다.

 이 책의 내용 중 상당한 부분은 산책 중에 떠올랐던 생각들을 정리한 것이다. 그래서 나는 매일매일 산책을 한다. 지금은 아이와 같이 산책할 수 있는 기회가 많지 않지만, 혼자서라도 매일 산책을 한다. 그럴 때마다 아이와 함께했던 산책의 순간들을 떠올리게 된다. 지금은 성인이 된 아이도 아빠와 함께했던 산책을 기억하기를 바란다. 그리고 니체가 말하는 '위대한 생각'을 위한 산책을 하는 사람이 되기를 바란다.

생텍쥐페리의 소설 『어린 왕자』에서
어린 왕자와 여우가 서로에게 특별해진 것도
같은 시간을 함께 보냈기 때문이었다

시간을 들이지 않으면
누구도 내게 소중한 사람이 될 수 없다

● 모범

훌륭한 인간으로 성장하는 아빠

I don't want to
Stay in the middle
Like you a little
Don't want no riddle
말해 줘 Say it back
Oh say it ditto

- 뉴진스, <디토(Ditto)> 중에서

아이들은 부모의
행동과 말을 모방한다.

뉴진스는 2022년 7월에 데뷔한 유명 여성 아이돌 그룹이다. 콘셉트가 독특하고 노래도 좋은 평가를 받았다. 어린 나이의 멤버로 구성되었지만, 뛰어난 실력으로 빠르게 성장했고 사회적 반향도 컸다. 이 그룹의 노래 〈디토〉에서 디토(ditto)는 '나도', '나 역시'라는 의미를 담고 있다. 가사를 요약하면 '좋아하는 마음을 느꼈을 때, 더 이상 머뭇거리고 싶지 않다. 수수께끼도 원하지 않으니, 너도 내 마음과 같다고 말해 달라'는 내용이다.

영화 《사랑과 영혼》에서 여자 주인공 몰리가 "사랑해"라고 말하면, 남자 주인공 샘이 항상 'ditto'라고 답했다. 한국판에서는 '동감'으로 번역되었다. 요즘 이 단어는 소비 성향을 표현할 때도 사용된다. 이른바 '디토 소비'라고 불리는 것으로, 인플루언서나 유튜버처럼 유명한 사람이 구매한 제품을 그대로 따라 사는 행동을 말한다. 영화나 드라마에 등장한 장소를 여행하는 것도 그 예에 해당한다. 정보가 넘쳐나는 시대, 사람들은 스스로 판단하기보다 누군가의 선택을 따라 하고 모방함으로써 안정을 느끼기도 한다. 이처럼 디토는 단순한 표현을 넘어, 동조와 모방의 감각을 담은 말로 확장되었다.

아이들은 어린 시절 본능적으로 '디토'를 한다. 주변 사람이 하는 말과 행동을 그대로 따라 하며 세상을 배운다. 스스로 판단하기가 아직 어려운 나이기 때문이다. 특히 어린아이는 부모의 말투, 행동, 심지어 시선까지도 모방한다. 부모가 어떤 것에 관심을 보이는지, 무엇을 중요하게 여기는지를 바라보며 아이는 고스란히 받아들인다. 그래서 부모는 늘 아이 앞에서 좋은 본보기가 되어야 한다. 말보다 행동으로, 훈육보다 실천으로 보여주는 태도가 중요하다. 그럴 때 아이는 자연스럽게 '따라 하고 싶은 어른'을 보며 자라게 된다.

아이에게 "잘하라"고 백 번 말하는 것보다, 부모가 직접 행동으로 한 번 보여주는 것이 훨씬 더 효과적이다. 아이들은 어른의 잔소리는 잘 듣지 않지만, 어른의 행동은 기가 막히게 따라 한다. 예를 들어, 아이가 책을 많이 읽기를 바란다면 "책 좀 읽어라"는 말을 반복하는 것보다 부모가 아이 앞에서 자연스럽게 책을 읽는 모습을 보여주는 것이 훨씬 더 중요하다.

부모는 아이의 모범이 되기 위해서
훌륭한 인간으로 성장해 나가야 한다.

2023년의 늦은 가을날, 아내와 함께 덕수궁 국립현대미술관에서 열렸던 장욱진 작가의 그림 전시회를 보러 갔던 적이 있다. 아내가 암 수술을 받기 전날이어서 분위기가 매우 무겁고 진지했다. 서울에 있는 대형 병원에서 수술을 받을 예정이라 아내와 나는 서울에 올라와 있었고, 수술 전날의 긴장감이 있었다. 그림 전시회의 제목은 '가장 진지한 고백'이었다. 그림 앞에서 늘 진지했던 작가의 철학을 담은 제목이었다. 전시회에는 10대 초년 시절부터 70대 말년 시절까지 장욱진 작가가 그렸던 그림들이 전시되어 있었다.

전시회에 걸려 있던 그림들 사이에서 장욱진 작가가 썼던 글귀 하나가 눈에 띄었다. "참된 의미에서 자랑스러운 부모라면, 아이들은 항상 진실을 찾을 것이고, 자기의 삶에 충실할 수 있을 것이다. 그들을 위하여서라도 나는 단순한 아버지이기 이전에, 훌륭한 인간으로 성장하기를 노력해야 하는 것이다." 그렇다. 부모가 아이에게 모범이 되기 위해서는, 훌륭한 인간으로 성장하기 위한 노력을 멈추지 말아야 한다.

인간의 뇌에는 주변 사람들의 행동을 봤을 때, 자신의 뇌 안에서 같은 행동을 재현하는 '거울 뉴런'이라는 신경세포가 있다고 한다. 어린아이들은 부모의 행동을 거울처럼 그대로 따라 하는 경우가 많다. '거울 뉴런'의 작용 때문일 것이다. 그렇기 때문에 부모는 아이 앞에서 함부로 행동해서는 안 된다.

부모가 아이 앞에서 큰 소리로 고함치고 막말을 할 때, 아이는 그것을 따라 하게 된다. 부모가 아이 앞에서 스마트폰을 열심히 보고 있으면, 아이도 스마트폰을 보고 싶어 할 것이다. 그 반대의 경우도 마찬가지이다. 부모가 아이 앞에서 조용히 품위 있게 대화하고, 부모가 아이 앞에서 열심히 책을 보고 있으면, 아이는 그것을 따라 할 것이다.

우리 아이가 어릴 때, 아내와 나는 아이 앞에서 될 수 있으면 좋은 모습을 보이려고 노력했다. 아이 앞에서 책 읽는 모습을 보이기 위해서 노력했고, 좋은 말만 골라서 쓰려고 노력했다. 또 아이 앞에서 항상 공부가 즐겁고 재미있는 것이라고 강조해서 이야기했고, 부모가 공부하는 모습을 보이기 위해서 노력했다.

나는 아이에게 공부가 힘들고 재미없는 것이라는 선입견을 심어 주기 싫었다. 공부가 재미있고 즐거운 것이라는 생각을 가지고 부모가 아이를 대하면, 아이도 그 생각을 모방하게 된다. 부모로 인해 아이가 어릴 때부터 공부에 대한 좋은 기억을 갖게 되면, 공부하는 걸 즐겁게 생각할 것이다. 이는 자연스럽게 좋은 성적으로 연결된다.

'Ditto'는 한국어로 번역했을 때 '동감(同感)'이라는 단어로 주로 표시된다. '동감'이라는 것은 '같은 마음을 가진다'는 뜻이다. 아이가 부모의 행동을 모방하는 것은 같은 마음을 가진다는 뜻이기도 하다. 결국 아이를 키울 때 부모가 어떤 마음을 가지고 있느냐가 중요하고, 아이는 부모의 마음을 닮게 된다. 아이가 어렸을 때 가장 존경하는 사람이 누구냐고 물어보면, 그 답은 항상 아빠였다. 아이의 존경을 받을 만큼 내가 훌륭한 사람인가 싶어 살짝 부끄러운 생각도 들었지만, 아이를 대할 때 가졌던 진심들이 전해진 것 같아 기뻤다.

나는 항상 아이 앞에서 모범이 되고자 노력했고, 훌륭한 인간으로 성장하고자 노력하고 있다. 새로운 도전을 계속 시도하고, 새로운 것을 알기 위해 계속 공부한다. 그리고 장욱진 작가가 말했던 '참된 의미에서 자랑스러운 부모'가 되기 위해서 끊임없이 노력했다. 부모가 훌륭한 인간으로 성장하기 위해 노력하는 모습을 보이면, 아이들도 자기 삶에 충실할 수 있을 것이다. 서울대생들에게 존경하는 사람이 누구인가를 물었을 때, 가장 많이 나오는 대답이 '부모'라고 한다. 아이가 부모에게 존경심을 갖게 되면, 아이는 부모의 모습을 거울삼아 미래의 모습을 그려 나간다. 그러니 부모는 아이의 모범이 되어야 한다.

아이의 성장을 위해 필요한 것들

2장

운동

나를 뛰어넘는 활동

"나는 우승으로 성공을 측정하지 않는다.
내가 매년 더 발전하느냐가 성공의 척도이다."

- 골프 선수 타이거 우즈

"연습은 완벽에 이르는 과정이다
(Practice makes perfect)."

- 영화 《브리티시 오픈의 유령(Phantom of The Open)》 중에서

운동은 사람이 살면서
평생 해야 하는 중요한 일이다.

사람이 살면서 평생 해야 하는 중요한 일 중 하나는 바로 운동이다. 운동을 통해서 건강한 신체를 유지하는 건 생명의 본질이라고 할 수 있다. 철학자 쇼펜하우어는 "나무가 튼튼하게 자라려면 바람이 필요하다. 인간도 건강하려면 운동이 필요하다"고 했다. 건강한 사람은 명랑한 기분으로 긍정적인 생각을 한다. 명랑하고 쾌활하면 세상의 모든 일이 즐거워진다. 즐거운 마음으로 일을 대하면 어떤 일을 하더라도 성공할 가능성이 높아진다. 그래서 아이에게도 늘 운동을 꾸준히 하도록 하며 그 중요성을 강조했다.

운동을 열심히 한다는 것은 그 자체로 여러 가지 교훈을 준다. 운동은 끊임없이 나를 발전시켜 나가는 것이 중요하다는 것을 알려 준다. 세계적인 골프 선수 타이거 우즈는 자신의 성공을 우승이라는 가시적인 결과보다 자신이 얼마나 더 발전했는가로 본다. 2023년 LPGA US여자오픈에서 준우승한 신지애는 "내일 더 발전하는 선수가 되는 것이 목표"라고 했다. 이런 면에서 운동은 매일매일 현재의 자신을 뛰어넘기 위한 고독한 활동이다. 목표가 우승이라면, 우승하지 못했을 때 좌절하고 실망하게 된다. 그러나 자신을 넘어서는 것이 목표라면, 결과에 연연하지 않고 계속 운동할 수 있게 된다. 현재의 나를 뛰어넘기 위해 끊임없이 노력한 사람이 결국에는 좋은 성과를 낼 수 있다.

내가 살고 있는 아파트에는 입주민들이 무료로 이용할 수 있는 실내 골프연습장이 있다. 3~4m 앞에 걸려 있는 천을 보며 스윙 연습을 할 수 있는 곳이다. 나는 거의 매일 1시간 정도 연습을 한다. 50세 넘어서 시작한 골프 실력은 좀처럼 늘지 않았고, 스코어도 큰 변화가 없었다. 내가 골프를 처음 시작했을 때, 가까운 친구들은 10년 이상 골프를 친 경력자들이었다. 그들과 같이 골프를 치면 항상 듣는 얘기가 '언제 인간 될래'였다.

그렇지만 크게 실망하지도 않고, 매일 연습도 빼먹지 않고 했다. 왜냐하면 나의 목표는 스코어를 잘 내는 것이 아니니까. 어제보다 오늘의 스윙이 좀 더 나아지기를 바라고 있을 뿐이다. 이렇게 생각하면 실내에서 벽을 보고 연습하는 게 지겹지 않다. 친구들의 '언제 인간 될래'란 이야기도 견딜 수 있다. 원래 채식이나 운동처럼 몸에 좋은 것은 피드백이 느린 법이다. 그래도 오래 하다 보면 조금씩 나아지는 걸 느낀다. 이제는 친구들과 골프 칠 때 '인간 되었다'는 얘기를 듣는다.

운동은 아이에게
실패를 받아들이는 법을 가르쳐 준다.

운동은 실패를 담담히 받아들이는 법을 가르쳐 준다. 일본 소설가 무라카미 하루키는 야구를 통해 이런 교훈을 얻었다고 말한다. "인생은 지는 것에 익숙해져야 한다." 그는 세 번 중 두 번은 지는, 야쿠르트 스왈로스의 팬이었다. 운동에는 경쟁이 따라오고, 결과는 언제나 좋을 수만은 없다. 아무리 노력해도 원하는 결과를 얻지 못할 수 있다. 그럴 때 결과를 받아들이고 다시 일어설 힘을 기를 수 있는 것이 바로 운동이다.

미국 프로농구 스타 코비 브라이언트는 신인 시절 플레이오프에서 처절한 패배를 경험했다. 지면 떨어지는 경기에서 그에게 결정적인 슛 기회가 왔다. 그런데 그가 던진 공은 어이없게도 림에도 닿지 않는 '에어 볼(air ball)'. 그 경기에서 그는 에어 볼을 5번이나 날렸다. 팀은 결국 그 경기에서 지고 플레이오프에서 탈락했다. 다만 그는 첫 에어 볼을 날리고도 주눅 들지 않고 계속 과감하게 슛을 던졌다. 그는 "패자는 실패하면 그만두지만 승자는 성공할 때까지 실패한다"고 했다. 그 경기는 실패했지만 그 뒤 브라이언트는 NBA 역사상 결정적 순간 가장 득점을 많이 한 선수 3위까지 오른다. 물론 이후 그 슛을 왜 실패했는지 연구하고 보완한 덕이다.

운동을 하다 보면, 열심히 노력하되 결과에 너무 연연하지 않아야 한다는 사실을 자연스럽게 깨닫게 된다. 《브리티시 오픈의 유령(The Phantom of the Open)》은 골프 경기라고는 한 번도 해 본 적 없는 초보가 1976년 브리티시 오픈에 출전하면서 벌어지는 실화를 바탕으로 한 영화다. 주인공은 늘 이렇게 말한다. "연습은 완벽에 이르는 과정이다."

그는 날마다 열심히 연습했지만 결과는 18홀 121타라는 참담한 기록이었다. 그럼에도 그는 기록에 연연하지 않고 계속 도전했다. 결과가 아니라 과정에 집중하는 사람이 얼마나 아름다운지를 보여준 영화였다. 많은 사람들이 결과가 두려워 도전을 포기하지만, 이 영화는 우리에게 노력하고 즐기는 과정의 가치를 다시 일깨워 준다. 그리고 운동이야말로 그런 과정을 경험하게 해 주는 장이다.

이런 좋은 점들 때문에, 나는 아이가 어릴 때부터 운동을 많이 할 수 있게 했다. 초등학생 때는 여러 운동 종목 중에서 축구를 전문적으로 배우게 했는데, 아빠를 닮아서인지 그리 잘하지는 못했던 것 같다. 시합을 하면 지는 경우가 더 많았다. 하지만 나는 그 점이 오히려 좋았다. 아이가 축구를 통해 노력해도 잘 안 될 수 있다는 사실을 배웠기 때문이다. 어릴 때 운동을 통해 실패를 경험하고, 그 실패를 받아들이는 과정을 겪어 보는 일은 정말 중요하다. 아이는 자라면서 필연적으로 무수한 실패와 좌절을 경험하게 될 것이다. 그것을 먼저 경험하고 극복할 수 있도록 도와주는 것이 운동인 것 같다.

운동은 성장의 경험을 할 수 있게 한다.

우리 아이는 야구를 좋아한다. 그래서 아이가 어릴 때는 같이 공 던지고 받기를 했던 적이 있다. 프로야구를 보러 야구장에도 여러 번 같이 갔었다. 아이는 대학에 입학한 뒤 야구 동아리에 가입해서 주말마다 연습을 하고, 대학 내 야구부 리그전에 선수로 출전하기도 했다. 이 과정에서 지는 것도 받아들이고, 연습을 통해 조금씩 실력이 나아지는 것도 느꼈다. 그리고 건강한 몸을 만들기 위해 끊임없이 운동하는 것의 중요성을 깨달았다.

운동을 하게 되면, 성장형 마인드셋이 중요하다는 생각을 갖게 된다. 좋아하지만 잘 안 될 때가 많다는 점, 꾸준히 노력하면 실력 향상을 체감할 수 있다는 점이 그 이유이다. '한눈팔지 말고 계속 열심히 하라. 정말 중요한 것은 노력이다.' 이런 이야기가 통할 수 있는 것이 운동이다.

운동을 통해서 성장의 경험을 한 사람은 다른 분야에서도 그 경험을 적용할 수 있게 된다. 영국의 명문 사립학교에서는 학생들에게 운동을 열심히 하도록 의무화하고 있는데, 그것은 노력을 통한 성장의 경험을 할 수 있도록 하기 위해서이다. 운동도 공부도 꾸준한 노력이 필요하고, 그 성과는 금방 나타나지 않는다는 공통점이 있다. 그렇지만 꾸준히 노력하면 언젠가는 실력 향상이라는 결과를 얻을 수 있다.

한편 운동은 아이와 아빠가 관심사를 공유할 수 있는 매개체가 될 수 있다. 우리 아이가 어렸을 때는 축구, 야구, 농구 등 여러 가지 구기종목을 같이 했다. 땀을 흘리며 같이 운동을 할 때 느끼는 유대감은 남다르게 느껴진다. 그리고 우리 아이와 나는 부산에서 나고 자란 탓에 어쩔 수 없이 부산 지역 연고의 프로야구팀 롯데자이언츠를 좋아한다. 아이가 태어난 후 롯데는 줄곧 좋은 성적을 거둔 적이 없지만, 그럼에도 불구하고 어쩔 수 없이 좋아한다. 아이와 같이 롯데 야구를 직관하기 위해 야구장에 간 적도 여러 번 있다. 지금도 아이와 나는 롯데의 성적을 이야기하면서 같이 한숨을 내쉰다. 이러면서 둘 사이의 친밀감은 더욱 높아지게 되었다.

● 노력

성취에 이르는 방법

"정말 열심히 했는데도 안 되는 거면,
이보다 더 열심히 해야 하나 봐요."

- 여자 배드민턴 선수 안세영

특정 분야에서의 성취를 위해서는
타고난 재능보다 노력이 더 중요하다.

안세영은 2023년 배드민턴 세계선수권 여자단식 부문에서 금메달을 땄다. 같은 해 중국 항저우에서 열린 아시안게임에서도 2관왕을 차지했다. 2024년 파리올림픽에서도 여자 단식 부문에서 금메달을 땄다. 이런 안세영에게도 좌절의 시간이 있었다. 2020년 도쿄올림픽 배드민턴 여자단식 8강전에서 안세영은 라이벌인 중국의 천위페이에게 2:0으로 졌다. 그 시합이 끝난 후 안세영은 "정말 열심히 했는데도 안 되는 거면, 이보다 더 열심히 해야 하나 봐요"라고 했다.

이후 안세영은 지독한 훈련 과정을 견디면서 노력했다. 코로나로 인해 운동시설을 제대로 이용할 수 없을 땐, 자신이 사는 아파트 45층까지 하루 7번씩 걸어 올라갔다고 한다. 이런 지독한 노력의 과정을 거쳐서 이후 좋은 결과를 얻은 것이다. 훌륭한 결과를 내는 운동선수를 보면, 일반인의 상식을 뛰어넘을 정도로 노력한 경우가 많다. 타고난 재능이 뛰어나서 좋은 성적을 내는 것 같지만, 실은 엄청난 노력의 결과다.

앤절라 더크워스가 쓴 책 『그릿』에서는 특정 분야에서 성취의 원인을 '재능×노력^2'으로 표현한다. 타고난 재능보다 노력이 두 배 더 중요하다는 것이다. 끈질기게 노력하는 과정 없이는 성취를 이룰 수 없다. 그렇지만 사람들은 타고난 재능에 초점을 두는 경우가 많다. 우리 아이가 공부 분야에서 성과를 냈을 때, 주변 사람들은 아빠의 유전자를 물려받아 공부에 재능이 뛰어난 덕분이라 생각했다. 그러나 어떤 분야에서 성과를 거둔 사람들은 정말 누구보다 많이 노력한다. 아무리 재능이 뛰어나다 해도 엄청난 노력 없이 좋은 결과를 얻을 수는 없다.

『그릿』에서는 재능을 중요시하는 사람들의 생각을 설명하기 위해, 철학자 니체의 말을 인용한다. 니체는 "우리의 허영심과 자기애가 천재 숭배를 조장한다. 왜냐하면 천재를 마법적인 존재로 생각한다면 우리 자신과 비교하고 우리의 부족함을 느끼지 않아도 되기 때문이다… 누군가를 '신적인 존재'로 부르면 '우리는 그와 경쟁할 필요가 없어진다"고 말했다. 타인의 성취를 선천적 재능으로 신화화하면, 우리 모두는 경쟁에서 면제받고, 노력 부족을 합리화할 수 있다. 선천적 재능이 없으면, 노력해도 어차피 경쟁이 안 될 것이라 생각하기 때문이다. 노력하지 않는 사람은 자신의 노력 부족을 탓하기보다, 선천적 재능이 부족하다는 평계를 대면서 자신을 합리화하는 것이다.

그러나 모든 성취에는 치열한 노력이 반드시 필요하다. 운동선수가 타고난 재능이 있는 경우, 처음에 기술을 익힐 때 유리할 수 있다. 그러나 이 기술을 완성해서 실전에 활용하기 위해서는 끊임없는 노력과 연습이 필요하다. 공부도 마찬가지다. 처음에 시작할 때 빨리 습득하는 능력이 있으면 재능이 있다고 하지만, 제대로 된 성과를 내기 위해서는 끊임없이 지속해야 한다. 어떤 분야에서든 긴 안목으로 보면, 재능보다 끝까지 하겠다는 집념이 더 중요하다. 즉, 노력을 오랫동안 지속해서 하겠다는 마음이 무엇보다 우선이다.

노력을 하는 데 무엇보다 중요한 것은 지속력이다.

우리 아이는 어렸을 때부터 수학을 잘했다. 숫자 계산 속도가 아주 빨랐다. 그래서 수학 재능을 타고났다는 이야기를 듣기도 했다. 재능이 있다면 노력을 하지 않아도 된다는 착각을 하는 사람들이 있다. 천재는 노력 없이도 그냥 잘하는 사람이라는 잘못된 믿음을 가지고 있기 때문이다. 그래서 아이에게는 주변에서 말하는 '재능 있다'는 이야기에 현혹되지 말라고 했다. 재능은 그 이상의 노력이 뒷받침될 때 빛을 발할 수 있기 때문이다.

우리 아이는 오랜 시간 끈기 있게 수학 문제를 풀기 위해 노력했다. 초등학교 3학년 때부터 주말이 되면 학원에서 꼬박 12시간을 보냈다. 아이가 다니는 학원에서는 30분 이상 매달려서 풀어야 하는 어려운 수학 문제를 12시간 내내 풀게 했다. 아이가 포기하지 않고 스스로 생각해서 풀어내도록 했다. 처음에는 힘들어했지만, 적응이 된 후에는 오히려 어려운 문제를 자기 힘으로 풀어냈을 때의 쾌감을 즐기곤 했다. 끈기 있는 노력의 과정을 거쳤기 때문에 우리 아이는 한국과학영재학교에 조기 입학할 수 있었다.

고등학교 때는 기숙사 생활을 했기 때문에, 사교육을 받지 않았다. 스스로 계획을 세워서 공부해 나갔다. 늦은 시간에는 기숙사 내부 독서실에서 공부했다. 그렇게 거의 매일 새벽 2시까지 공부했다고 한다. 독서실에서 제일 늦게까지 남은 아이였다. 그래서 고등학교 시절 공부하는 노력만큼은 누구에게도 뒤지지 않을 자신이 있다고 자부했다. 고등학교 시절 성적도 항상 최상위권이었다.

나는 아이에게 항상 지속적인 노력의 중요성을 강조했다. 벼락치기 하듯 단기간의 노력이 필요할 때도 있지만, 노력이 성과를 발휘하기 위해서는 지속적인 노력이 무엇보다 필수적이다. 단기간 강도 높게 노력하는 것으로 그쳐 버리면, 노력에 의한 성과는 미미한 수준에 그친다. 그러니 지속력이 꼭 필요하다.

무언가를 처음 시작할 때는 실력이 쭉쭉 향상되는 것 같아 재능이 있다고 느낀다. 그런 다음 일정 시점이 지나고 나면 정체기를 맞이하게 된다. 이 시점을 뚫고 나가야 비로소 성취의 순간을 맞이할 수 있다. 그런데 많은 사람들이 정체의 순간을 견디지 못하고 그만둔다. 나는 아이에게는 노력하다가 정체되는 순간이

올 수 있지만, 지속적으로 노력하다 보면 반드시 성과를 거둘 수 있다고 조언했다. 그래서 늘 이렇게 말했던 듯하다. "어떤 분야에서든 네가 성과를 얻고자 한다면, 적어도 1년 이상은 꾸준히 노력해야 한다. 더 나아가서 아주 탁월한 성과를 얻고 싶다면, 1만 시간 이상은 노력을 해야 한다."

모소 대나무는 4년 동안 고작 3cm 정도 자란다고 알려져 있다. 하지만 그 길고 긴 4년을 견디고 나면 6주 만에 15m까지 자란다. 4년 동안 아무 일도 없는 듯 보였던 그 대나무가 5년째 되는 해에 거목으로 자라나는 것이다. 중요한 것은 그 4년의 세월이다. 모소 대나무는 눈에 띄지 않지만, 그 긴 시간 동안 땅속 깊숙이 단단하게 뿌리를 내리고 있었다. 성장이 멈춘 것처럼 보이던 시간조차, 사실은 내면의 성장을 위한 준비 기간이었던 셈이다. 정체의 순간을 견디는 사람만이 언젠가 찾아올 상승의 순간을 맞이할 수 있다. 눈에 보이지 않는 곳에서 묵묵히 이어가는 노력, 그것이 진짜 성장을 만든다.

성공하고 싶다면
노력의 기준을 높일 필요가 있다.

노력과 관련해서 또 한 가지 중요하게 생각해야 할 것은 노력의 기준을 어떻게 설정하는가이다. 사람마다 노력의 기준이 다르다. 어떤 사람은 하루 1시간의 노력이 굉장히 열심히 한 것이라 생각하기도 하고, 또 어떤 사람은 하루 12시간은 해야 제대로 노력했다고 생각하기도 한다.

아이돌 가수들은 연습생 시절 일반적으로 하루 15시간 정도 연습한다고 말한다. 그 기간을 몇 년 거치고 났을 때, 화려한 모습의 아이돌 가수로 대중 앞에 나설 수 있다. 연습생들이 하루 15시간의 연습을 강도 높게 하는 것은, 그 과정이 그들에게 분명히 도움이 될 것을 알고 있기 때문이다. 내가 생각하기에, 공부하는 학생도 정말로 뛰어난 성과를 얻고 싶다면, 그 정도는 공부를 해야 한다고 생각한다.

훌륭한 운동선수와 예술가, 성적이 좋은 학생들은 대체로 노력의 기준이 높다. 남들보다 더 많은 시간을 연습하고 공부하면서도 고통스럽게 생각하지 않는 것은, 그들이 생각하는 제대로 된 노력의 기준이 높기 때문일 것이다. 우리 아이를 포함해 서울대에 다니는 친구들을 보면 노력의 기준이 꽤 높다. 이들은 공부할 때도, 밴드 합주 연습할 때도, 운동할 때도 마찬가지다. 그러니 성공하고 싶다면 노력의 기준을 높여 나가는 것이 필요하다.

소설 『돈키호테』에 이런 구절이 있다. "산초야, 행운은 빼앗을 수 있을지 몰라도 노력과 용기는 빼앗지 못할 것이다." 사람들이 자기 분야에서 성취가 없었을 때, 행운이 없었음을 탓하거나 혹은 타고난 재능이 없음을 탓하는 경우가 많다. 그런데 자세히 살펴보면, 대부분 충분히 노력하지 않았기 때문에 실패한다. 노력해야 한다는 것을 아는 사람은 많지만, 이를 실제 행동으로 옮기는 사람은 그리 많지 않다. 행동하는 노력이 천재를 만든다. 노력과 용기는 누구도 빼앗지 못하는 자기 자신만의 것이다.

어떤 분야에서든 긴 안목으로 보면
재능보다 끝까지 하겠다는 집념이
더 중요하다

노력을 오랫동안 지속해서
하겠다는 마음이 무엇보다 우선이다

고난

위기와 실패는 성장의 여정

"목적지를 향해 가는 길이
너무 순탄하면
그건 잘못된 곳으로
가고 있는 것이다"

- 넷플릭스 오리지널 시리즈 《원피스(one piece)》 중에서

위기와 실패의 순간들은
인생의 목적지를 향해 가는 여정의 일부이다.

글로벌 OTT 넷플릭스에서 2023년 8월 31일에 만화 《원피스》의 실사화 드라마 시리즈가 공개되었다. 제작비가 1화당 1,800만 달러로, 넷플릭스 역사상 최대의 제작비 기록을 경신했다고 한다. 주인공인 해적 루피는 보물을 찾기 위해 여정을 떠난다. 망망대해 어딘가에 숨어 있을 보물의 존재는 모든 뱃사람의 로망이었다. 해적단 밀짚모자 일당과 함께 바다를 항해하고 여러 섬들을 다니면서 모험을 이어 간다. 여러 번 위기의 순간도 맞이하지만, 루피는 "목적지를 향해 가는 길이 너무 순탄하면 그건 잘못된 곳으로 가고 있는 것이다"라 말하며 다시 움직인다.

누구나 살다 보면 위기의 순간을 경험한다. 또한 어떤 일에 도전했다가 실패를 맛보는 쓰라린 순간도 경험한다. 그러나 그 위기와 실패가 인생의 전부는 아니다. 인생의 보물을 찾기 위한, 목적지를 향해 가는 여정의 일부일 뿐이다. 인생이 순탄하기만 하다면, 오히려 잘못된 곳으로 가고 있다는 표시일지도 모른다. 그러니 실패를 경험했을 때, 오래 낙담에 빠지지 않고 용기를 내서 다시 일어서는 것이 중요하다. 목적지를 향해 제대로 가고 있다는 증거라고 믿고서.

우리 아이도 살아가면서 여러 번 위기와 좌절의 순간을 경험했다. 그중에서 가장 기억에 남는 건 아이가 초등학교 4학년 때의 일이다. 아이는 초등학교 4학년 때 1년 동안 부산시 초등영재교육원에 다녔다. 그곳에 들어가기 위해 선발시험을 거쳤고, 우리 아이가 속한 반에서는 20명의 학생이 같이 공부했다. 4학년 말이 되어서 다시 시험을 봤다. 이 시험을 통과하면 5~6학년 2년 동안 영재원 교육을 계속 받을 자격이 생긴다. 특별한 일이 없으면 거의 통과되는 시험이라고 해서 걱정을 하지 않았었다.

그런데 같은 반 20명의 학생 중 유일하게 우리 아이만 불합격되었다. 불합격 통보를 받은 날은 12월 30일이었고, 아이 할아버지의 장례를 치르고 있을 때였다. 내가 알게 된 것은 그다음 날인 12월 31일이었다. 모든 장례 절차를 마치고, 집으로 돌아온 날 밤에 아내가 그 사실을 아이와 나에게 말해 주었다. 그날은 가장 우울했던 한 해의 마지막 날로 기억된다. 아이는 그 사실을 듣고 하염없이 눈물을 흘렸다. 아내와 나는 분통을 터뜨렸다. 어떤 기준으로 우리 아이만 떨어졌는지 도무지 납득이 되지 않았다. 나중에 영재원 담당자와 통화를 해서 탈락 기준을 물어보았지만, 답을 들을 수 없었다. 어쨌든 결과는 돌이킬 수 없었다.

12월 31일 밤, 울고 있는 아이에게 우선 위로와 격려의 말을 했다. 우리는 너를 믿고 있고, 이번의 결과가 오히려 전화위복의 기회가 될 수 있을 거라고. 그리고 앞으로 이런 결과가 생기지 않도록 더 노력하자고 했다. 좌절했을 때 다시 일어설 힘을 얻기 위해서는 옆에서 조언하고 격려해 줄 사람이 필요하다. 언제나 변함없이 아이를 믿고 지지해 줄 사람이. 아이가 어릴 때는 절대적으로 부모가 그 역할을 해 주어야 한다. 아내와 나는 우리 아이에게 언제든 안심하고 기댈 언덕이 되고 싶었다.

그날 밤 아이에게 이런 말도 했다. "지금의 네 모습이 너의 전부라고 생각해서는 안 된다. 시험에 떨어진 지금 이 순간의 네 모습은 일시적일 뿐이다." 부정적 결과를 자기 존재와 동일시하면, 실패의 순간이 왔을 때 자신감이 하락하고 새로운 시도를 하지 않게 될 수도 있다. 그렇게 되어서는 안 된다. 그래서 실패는 성공으로 가는 과정의 일부일 뿐이고, 자신의 인생을 더욱 탄탄하게 만드는 계기가 될 수 있다는 점을 아이에게 알려 주었다. 실패를 통해서 얻은 교훈을 잊지 말고 앞으로 나아가자고 했다.

수많은 실패를 경험하면서,
조금씩 더 나아지는 것이 인간의 삶이다.

영국의 극작가인 버나드 쇼는 이렇게 말했다. "나는 부단히 무언가가 되어 가는 상태를 사랑합니다." 살다 보면 좋은 날도 안 좋은 날도 있다. 그런 날들이 쌓여서 인간은 부단히 더 나은 존재가 되어 간다. '완벽한 삶'도 '완벽한 성공'도 존재하지 않는다. 수많은 실패를 경험하고서도 또 도전하면서 조금씩 더 나아지는 것이 인간의 삶이다.

파울로 코엘료의 소설 『연금술사』에서 주인공에게 이런 충고를 건네는 사람이 있었다. "꿈을 이루지 못하게 만드는 것은 오직 하나, 실패할지도 모른다는 두려움일세." 실패는 나의 수많은 부분들 중 하나이다. 과거로부터 미래까지 나의 모습은 계속 변해갈 것이다. 변화의 여정 중에 실패가 있을 수 있지만, 다시 일어서서 앞을 향해 나아가야 한다. 실패할지도 모른다는 두려움 때문에 아무것도 하지 않으면, 꿈을 이룰 기회는 영영 사라진다.

우리 아이는 초등학교 4학년 말에 부산시 초등영재교육원 시험에서 불합격했지만, 그것을 계기로 더욱 집중하고 노력하게 되었다. 그리고 끊임없이 새로운 도전을 했다. 그 결과 초등학교 6학년 때는 부산경남지역방송인 KNN에서 주최하는 수학대회에 나가서 전체 1등을 차지했고, 중학생 때는 수학올림피아드 금상을 받았다. 그리고 중학교 과정을 채 마치기 전에 한국과학영재학교에 진학하게 되었다. 실패의 경험이 전화위복이 된 셈이다.

시간이 한참 지나 아이가 대학생이 되었을 때, 초등학교 4학년 때의 일을 물어보았다. 부산시 초등영재교육원 불합격 소식을 들었을 때, 기분이 어떠했는지. 그런데 아이는 그때의 일이 기억나지 않는다고 대답했다. 그 대답을 듣고서는 니체의 말이 생각났다. 니체는 정신적으로 건강한 삶을 유지하기 위해서는 기억보다도 망각이 더 중요하다고 했다. 초인이 되기 위해서는 아이처럼 '망각하는 힘'이 필요하다는 것이다.

    처음 걸음마를 배우는 어린아이는 몇 번을 넘어져도 다시 일어나서 도전한다. 넘어지고 또 넘어지는 실패의 순간을 망각하는 순수한 마음이 있기 때문일 것이다. 실패의 경험을 망각하는 힘은 목적지를 향해 나아가는 인생의 여정에서 절대적으로 필요하다. 우리 아이가 시험에 떨어지고 난 뒤에도 계속해서 다른 시험에 도전하게 된 것은 실패의 순간을 잊어버리는 '망각의 힘'이 있었기 때문일 것이다.

실패의 경험을 망각하는 힘은
목적지를 향해 나아가는 인생의 여정에서
절대적으로 필요하다

● 성찰

나를 돌아보기

일하고 일해도
형편은 나아지질 않네
물끄러미 손을 들여다본다

- 일본 시인, 이시카와 다쿠보쿠의 하이쿠

남 탓만 하는 사람은
결코 발전할 수 없다.

이시카와 다쿠보쿠는 1886년에 태어나 1912년에 세상을 떠난 일본의 시인이다. 그의 삶은 궁핍했다. 그는 젊은 나이에 폐결핵에 걸렸고, 변변한 치료조차 받지 못한 채 26세의 나이에 세상을 떠났다. 그는 메이지 시대의 편협하고 관념적인 하이쿠를 서민의 삶과 애환이 깃든 생활적 주제, 그리고 민중적인 감성으로 이끈 시인으로 평가받는다. 하이쿠는 일본 정형시의 일종으로, 운문 문학 중 길이가 가장 짧은 장르로 꼽힌다.

여기 인용한 하이쿠에는 그의 민중적 성향이 잘 드러나 있다. 하이쿠에서 화자는 아무리 일해도 형편이 나아지지 않았을 때, 물끄러미 자기 손을 들여다보고 있다. 자신을 들여다보는 마음을 표현한 것이다. 무엇이 제대로 안 되었을 때 다른 것을 탓하기보다 우선 나를 되돌아보고 반성하고, 고쳐 나갈 점은 없는지 성찰해 보는 것이다. 나의 손을 보면서 나에게 모자란 부분이 있으면 그것을 보완하려고 노력하는 가운데서 사람은 성장하고 발전하게 된다.

무언가 일이 잘 풀리지 않았을 때, 남 탓만 하는 사람은 발전할 수 없다. 불평불만만 늘어놓으면서 정작 자신은 아무것도 하지 않기 때문이다. 이런 경우 사람들은 자기 자신을 객관적으로 들여다보지 않으려 한다. '다중지능이론'을 연구한 학자들에 따르면, 어떤 분야에서 뛰어난 성과를 낸 사람들은 해당 분야의 지능과 함께 '자기이해지능'이 높았다. 자기이해지능이란 자신의 상태를 정확히 인식하는 능력이다. '너 자신을 알라'는 소크라테스의 말처럼, 자신을 아는 사람이 결국 더 멀리 나아간다.

프로바둑기사들은 바둑 시합이 끝나면 반드시 복기를 한다고 한다. 복기를 해야 무엇을 잘했고, 무엇을 잘못했는지 알 수 있기 때문이다. 실수의 원인을 정확히 들여다보는 일은 고통스러울 수도 있지만, 그 과정을 피하지 않는 사람이 실력을 키우고 진짜 고수가 된다. 실패를 남 탓으로 돌리거나 외면해서는 결코 성장할 수 없다.

자신의 약점을 제대로 알면, 약점을 성장 동력으로 삼을 수 있게 된다.

우리 아이가 고등학교 1학년을 마쳤을 무렵, 한성손재한장학회에서 주관하는 '한성노벨영수재장학생' 선발에 지원한 적이 있다. 이 장학회는 한국에서 노벨상을 받을 수 있는 인재를 길러내겠다는 목표를 가진 곳으로, 그 취지에 부합한다고 판단되는 학생을 장학생으로 선발한다. 아이가 다니던 학교에서는 11명의 학생이 학교장 추천을 받아 서류 전형을 통과했고, 그중 9명이 최종 선발되었으며, 2명은 탈락했다. 탈락자에는 우리 아이가 포함되어 있었다.

사실 아이는 이전부터 면접이 포함된 선발 과정에서 종종 탈락하는 경험을 해 왔다. 고등학교 초반, 몇몇 인기 동아리에 지원했을 때도 면접에서 연달아 다섯 번이나 떨어졌다. 말의 진정성이나 내용보다 자신감 있는 어투, 임기응변 능력이 중요시되는 한국식 면접 시스템 안에서, 아이는 자신이 확실히 알고 있지 않은 것은 쉽게 말하지 못하는 성향을 보였다. 나와 비슷한 면이기도 했다. 나 역시 시험이나 면접처럼 평가받는 상황에서 긴장감이 높다. 처음에는 한국 사회의 면접 방식이 잘못되었다고 탓했지만, 결국 아이와 나는 스스로를 돌아보며 부족한 점을 보완해 보기로 했다.

한성손재한장학회 면접에서 탈락한 뒤, 우리는 면접을 잘 보기 위한 전략을 고민했다. 아이는 또렷하고 자신감 있는 말투를 기르기 위해 스피치 학원에서 훈련을 받았다. 또한 예상 질문을 뽑아 대답을 준비하고, 반복 연습도 했다. 알고 있는 내용을 더 명확히 정리하고, 질문에 대해 당황하지 않도록 철저히 대비했다. 준비가 곧 자신감이라는 믿음 아래, 다른 지원자보다 더 많이 준비하려 노력했다. 그 결과 대학 입시 면접에서도, 군 입대 시 특수병과 면접에서도 무난히 통과할 수 있었다.

한국 마라톤 최고 기록 보유자인 이봉주 선수도 약점이 많은 선수였다. 왼발이 오른발보다 4.4mm 길어 균형을 잡기 어려웠고, 스피드도 부족했다. 100m 전력 질주에 14초나 걸려 '거북이 마라토너'로 불리기도 했다. 그러나 그는 약점을 지구력으로 극복하기 위해 누구보다 더 오래, 더 많이 훈련했다. 이봉주 선수는 이에 대해서 "약점 덕에 강점이 생긴 거예요"라고 말했다.

철학자 니체는 "위대한 경멸의 순간을 체험하라"고 말했다. 누구나 약점을 가지고 있다. 중요한 것은 그 약점을 외면하지 않고 직면하는 태도다. 약점을 인정하고 극복하려는 순간, 그것은 성장을 위한 시작점이 된다. '나'의 결핍을 마주하고 그것을 채우려는 노력 속에서 새로운 강점이 자라난다. 그 순간이야말로 진정한 발전의 전환점이 될 수 있다.

● 저항

나를 극복하는 과정

누구나 그러하듯이
사람은 언제나 어디서나
저항 속에 사는 것 같다…
일상(日常)
나는 내 자신의 저항 속에 살며,
이 저항이야말로 자기의 존재라고 생각하고 있다.

- 화가 장욱진, 「저항」, 『동아일보』 1969년 6월 7일자

진정으로 강한 사람은
현재의 자신을 극복해 나가는 사람이다.

화가 장욱진은 1920년대 학창 시절부터 1990년에 사망할 때까지 약 60년간 꾸준히 그림을 그렸다. 알려진 작품들만 헤아려도 유화 730여 점, 먹그림 300여 점으로 그 수가 상당하다. 그는 진솔한 자기 고백을 담은 창작에 전념했다. 대부분 방바닥에 쪼그려 앉아 수공업 장인처럼 그림을 그렸다고 한다.

장욱진은 나무와 까치, 해와 달, 집, 가족 등 일상적이고 친근한 몇 가지 제한된 모티프만을 평생에 걸쳐 그렸다. 그러나 그는 재료에 구애받지 않고, 하나의 틀에 머물지 않는 태도로 끊임없는 변화를 시도했다. 이러한 그의 창작 태도를 잘 설명하는 단어가 '저항'이다. 그는 끊임없이 자기 자신에게 저항했고, 그 저항 자체가 곧 자신의 존재라고 믿었다.

진정으로 강한 사람은 현재의 자신을 극복해 나가는 사람이다. 이들의 눈에는 자신이 늘 부족해 보인다. 그들은 현실에 안주해서 살아가지 않는다. 현재 자신의 모습에 불만을 가지는 자신에게 만족을 느낀다. 장욱진은 젊은 시절부터 성공한 화가로 인정받았지만, 거기에 만족하지 않고 끊임없이 현재의 자신을 극복해 나가려 했다. 그리고 현재의 자기 모습에 불만을 가지는 자신에게 만족했다. 장욱진은 그의 화문집 『강가의 아틀리에』 서문에서 밝혔듯이 "참된 것을 위해 뼈를 깎는 듯한 소모"까지 마다하지 않았다. 누구보다 자유로운 발상과 방법으로 화가로서의 본분을 지키며, 항상 자기 자신에게 저항했다.

노자의 『도덕경』에는 '승인자유력 자승자강(勝人者有力 自勝自强)'이라는 말이 있다. 남을 이기는 사람은 힘만 센 것이고, 나를 이기는 사람이 진정한 강자라는 것이다. 남을 이기기 위해서는 단순히 힘만 세면 되지만, 자신을 이기기 위해서는 그 이상이 필요하다. 장욱진의 말처럼, 자신을 이기기 위해서는 '자신의 뼈를 깎는 소모'가 필요하다. 그래서 나를 이기는 사람이 진정한 강자인 것이다.

인간은 자신에게서 벗어나야 존재를 확인받을 수 있다.

인간이 삶의 진정한 의미를 찾기 위해서는 끊임없는 자기 개선의 노력이 필요하다. 어제보다 나은 오늘, 오늘보다 나은 내일을 바라며 스스로를 단련하는 마음이 바로 '자기 자신에 대한 저항'이다. 자신을 소중히 여기며, 새로운 변화를 두려워하지 않고 시도하는 자세 또한 그 연장선에 있다. 이런 끊임없는 내적 저항이야말로 인간 존재의 의미를 만들어 낸다.

1998년 노벨문학상을 받은 포르투갈 소설가 주제 사라마구의 『미지의 섬』에는 이런 문장이 있다. "당신 자신에게서 벗어나지 못한다면, 당신이 누구인지 절대 알 수 없을 거요." 인간은 끊임없이 자신에게 저항하면서, 자신에게서 벗어나야 존재를 확인받을 수 있다. 우리가 사는 세상은 끊임없이 변화한다. 사람도 끊임없이 변화한다. 그렇기 때문에 인간이 어느 한순간에 머무르기를 고집한다면, 그 순간 온전한 삶을 누릴 수 없게 된다. 현재의 자신으로부터 벗어나기를 시도할 때 온전한 인간의 삶을 누릴 수 있게 되는 것이다.

　우리 아이는 학생으로서 자신이 해야 하는 공부의 영역에서 여러 차례 성공의 경험을 가졌다. 중학교 때 수학올림피아드에서 금상을 받았고, 중학교를 조기 졸업하고 남들보다 2년 일찍 한국과학영재학교에 입학했다. 이후 한국과학영재학교를 졸업하고 서울대학교에 들어갔다. 이럴 때마다 아이에게 부탁한 것이 있었다. 자신이 이룬 성공에 스스로를 가두지 말고, 아무 일도 일어나지 않은 듯 이전에 해 왔던 노력을 계속하라는 것이었다. 끊임없이 새로운 변화를 시도하면서 성장해 나가는 사람이 되어 달라고 부탁했다.

　자신의 성공이 자신의 뛰어난 능력 때문이라고 믿는 사람은 그 성공에 스스로를 가두어 버리고 나태해질 수 있다. 일시적 성공을 거두었지만, 세상에는 자신보다 뛰어난 사람이 아주 많다는 진실을 받아들이는 사람만이 성장한다. 영화 《원더우먼 1984》에는 "영웅이 되기 위해서는 인내와 성실함, 진실을 받아들일 용기를 가져야 한다"는 대사가 나온다. 영웅이 되기 위해서는 인내와 성실함으로 자신의 역량을 차근차근 쌓아 가는 준비 과정이 필요하다. 그리고 자신이 아직 부족하며, 세상에는 자신보다 뛰어난 사람이 많다는 사실을 겸허히 받아들이는 사람만이 진짜 성장할 수 있다. 그런 진실을 받아들일 수 있을 때, 우리는 자신에게 저항하고, 지금의 자신을 넘어서려는 노력을 시작하게 된다.

바닷가재는 평생 27번 껍질을 벗는다고 한다. 자신도 모르게 껍질 속 몸이 계속 자라고 있었기 때문에 바닷가재는 전에는 지각하지 못했던 압박감과 불편함을 느끼게 되고, 이 불편함이 껍질을 벗고 성장하는 계기가 된다. 사람도 마찬가지다. 현재 자신이 계속 변화하고 있다는 사실을 외면하지 말자. 현재의 나에게서 벗어나야 계속 성장하는 자신의 존재를 확인할 수 있다. 지금, 삶이 불편하게 느껴진다면 그것에 저항하고 벗어던질 용기를 가져야 한다.

분노하고 저항하는 사람이
성장할 수 있다.

세계적인 아이돌 그룹 BTS를 길러낸 연예기획사 하이브의 방시혁 의장은 2019년 서울대 졸업식 축사에서, 오늘의 자신을 만든 에너지의 근원이 '분노'였다고 말했다. "적당히 일하는 무사안일에 분노했고, 최고의 콘텐츠를 만들어야 한다는 소명으로 하루하루를 마지막인 것처럼 달려왔다"는 그의 말은, 창의적인 활동이란 결국 현재 자신의 모습에 대한 불편함, 그리고 거기서 비롯된 분노에서 시작된다는 점을 잘 보여준다. 자신의 부족함을 뼛속 깊이 인식하고, 그것에 분노하며 저항하는 사람만이 진짜 성장을 이룰 수 있다.

'대기만성(大器晩成)'이라는 사자성어는 흔히 '큰 그릇은 늦게 완성된다'고 해석되지만, 오히려 '큰 그릇은 완성이 없다'는 뜻으로 이해하는 것이 더 적절하다. 큰 그릇은 완성되는 순간 더 큰 그릇에 의해 작아지기 마련이다. 그래서 '큰 그릇'은 늘 미완의 과정에 있어야 하며, 멈추지 않고 자신을 넘어서려는 자세 속에 진정한 완성이 깃든다. 진정으로 큰 사람은 끊임없이 '나 자신의 저항'을 하면서, 오늘보다 내일이 더 큰, 내일보다는 모레가 더 큰 사람이라고 할 수 있을 것이다. 화가 장욱진의 말처럼, 살아 있는 사람이라면 '누구나, 언제나, 어디서나 저항 속에서 사는 것 같다.'

좋은 습관이
좋은 아이를 만든다

3장

습관

노력에 의해서 만들어지는 것

모든 습관은 노력에 의해 굳어진다.
잘 걷는 습관을 기르기 위해서는
자주, 많이 걸어야 한다.
잘 달리기 위해서는
많이 달리는 것이 필요하다.
잘 읽게 되려면 많이 읽어야 한다.
지금까지 습관이었던 것을 중단하면
그 습관은 차츰 쇠퇴해진다.

- 고대 그리스·로마 철학자 에픽테토스

습관은 노력에 의해 굳어지고,
좋은 습관은 자유를 가져오는 힘이 된다.

에픽테토스는 고대 그리스 · 로마 시대 때 활동했던 후기 스토아학파 철학자이다. 노예 출신으로 알려져 있다. 에픽테토스는 우리가 세상에서 직접 통제할 수 없는 것들에 대해 고민하는 것을 멈추고, 우리 내면의 평화와 자유로움을 추구해야 한다고 주장했다. 그는 우리가 자기 생각과 감정에 대해 책임질 수 있다고 믿었고, 이를 통해 외부 상황에 휘둘리지 않고 내면의 안정을 찾을 수 있다고 했다.

그는 늘 '자유와 노예'를 자신의 논의 주제로 삼았다고 한다. 그가 말하는 '자유'란 원칙적으로 인간이면 누구나 누릴 수 있는 '정신적 자유'를 의미한다. '노예'란 자기 자신이 스스로에게 부여해서 만들어 낸 '정신적 부자유'이다. '정신적 자유와 스스로 자초한 노예'의 대조는 에픽테토스의 일생을 통과하는 철학적 화두였다.

좋은 습관은 에픽테토스가 말하는 '자유'를 가져오는 힘이 되는 것이다. 그는 습관이란 노력으로써 굳어지는 것이라고 했다. 잘 걷는 습관을 기르고 싶다면, 자주 많이 걸어야 한다. 잘 읽게 되려면, 많이 읽어야 한다. 매일매일 수행하는 습관이 좋은 방향으로 형성되어 있으면, 그것이 좋은 사람을 만들고, 그에게 정신적 자유를 줄 수 있다.

서든캘리포니아대학교 심리학과 교수인 웬디 우드는 저서 『해빗』에서 "습관이 언제, 어떻게, 왜 작동하는지에 대한 단순하고 강력한 법칙을 알면 사람은 지금보다 더 나아질 수 있다"고 했다. 웬디 우드 연구팀은 우리의 일상생활 중 무려 43%의 영역이 습관의 힘에 의해, 즉 무의식의 힘으로 작동된다는 것을 밝혀냈다. 삶의 절반 가까이나 되는 이 습관의 힘을 내가 원하는 방향으로 움직일 수 있다면, 우리는 지금보다 훨씬 더 나은 삶을 만들어 나갈 수 있을 것이다.

10살 이전에 좋은 습관을 형성하는 것이 중요하다.

아이들은 일반적으로 초등학교 3학년 이전에 좋은 습관을 형성하는 것이 중요하다. 이 시기에 잘 만들어진 습관은 평생 지속될 수 있기 때문이다. 특히 근면성과 책임감을 키워 자신에게 주어진 과제를 끝까지 완수하는 태도를 길러 주어야 한다. 책을 읽으면 끝까지 읽도록 하고, 공부할 때는 오랜 시간 동안 집중할 수 있도록 격려해야 한다. 공부가 아니더라도 운동이든 악기 연습이든 끝까지 완수할 수 있는 습관이 쌓이면, 어떤 분야에서든 꾸준함을 가지고 지속하는 힘을 갖게 된다.

아주 어린 시절의 습관은 주변을 모방하면서 형성된다. 아이 곁에 있는 가까운 사람들의 행동은 습관 형성에 결정적인 영향을 미친다. 이 시기에 아이가 가장 오래 접하는 존재는 부모이므로, 부모의 행동이 아이에게 끼치는 영향은 매우 크다. 따라서 부모는 아이 앞에서 좋은 모습을 보여주기 위해 더욱 노력해야 한다.

심리학자 쿠르트 레빈은 "행동은 사람과 그들을 둘러싼 환경 간의 함수 관계이다"라고 말했다. 좋은 습관을 삶의 일부로 만들고 싶다면, 그와 관련된 신호를 자주 인지할 수 있는 환경을 조성하자. 사람의 행동은 주변 환경의 영향을 받는다. 인간 또한 우리가 사는 환경의 구성체이다. 그렇기 때문에 좋은 행동들을 더욱 촉진하고, 나쁜 행동들을 저해하는 환경을 마련할 필요가 있다.

아이가 좋은 행동과 습관을 갖도록 하기 위해 노력했다. 책 읽는 습관, 자기 몸을 소중하게 생각하면서 운동하는 습관, 몸에 좋은 것을 먹고 나쁜 것을 멀리하는 식습관, 항상 호기심을 가지고 공부하는 습관을 심어 주고자 했다. 이를 위해서 나부터 아이 앞에서 좋은 행동을 하겠다고 결심했고, 나쁜 것들이 아이 가까이에 있지 않도록 했다. 아이가 어렸을 때부터 책을 가까이할 수 있게, 아이 눈높이에서 많은 책을 볼 수 있도록 아이 방을 꾸몄다. 스마트폰 중독에 빠지지 않도록 하기 위해서, 초등학생 때까지는 스마트폰을 사 주지 않았다. 아이가 좋은 식습관을 가질 수 있도록 과자와 음료수도 집에 두지 않았다.

이렇게 해서 우리 아이는 지금까지도 좋은 습관들을 많이 유지하고 있다. 군대에 가 있는 지금도 규칙적으로 운동하고 습관적으로 책을 읽는다. 유학 준비를 위해 영어 공부도 하고, 본인의 관심사인 AI나 생명공학에 관련된 공부도 하고 있다. 그리고 군대 생활의 지루함을 달래 줄 수 있는 소설책도 많이 읽고 있다. 이러한 습관들은 결국 삶의 방향을 긍정적인 쪽으로 이끌 것이라고 생각한다.

어릴 때 형성된 좋은 습관은
행복한 기억으로 남아 있어야 오래 유지된다.

어린 시절 형성된 독서 습관을 성인이 된 다음까지 유지하는 사람들이 꽤 있다. 이들에겐 어릴 때 부모가 아이를 침대에 눕히거나 무릎에 앉혀 놓고 소리 내어 책을 읽어 준 경험이 아주 많다는 공통점이 있다. 글자를 익히고 학교에 들어간 이후에도 오랫동안 이들의 부모는 책 읽기를 함께했다. 그에 비해 아이 혼자서 책을 읽는 외로운 읽기는 독서 습관 형성에 상대적으로 도움이 되지 않는다.

부모가 아이에게 책을 읽어 줄 때, 아이는 내면에 행복의 경험을 충전한다. 이런 경험이 쌓인 아이들은 혼자 책을 읽을 때도 부모의 다정하고 따뜻한 목소리를 떠올리면서 행복감에 사무친다. 우리는 경험이 만족스럽고 행복할 때 그 행동을 더 반복해서 한다. 즐겁고 행복한 감정은 어떤 행동이 나중에 다시 할 만한 가치가 있는지를 뇌에 가르쳐 준다. 결국 아이의 좋은 행동이 습관으로 이어지도록 하려면, 그 행동과 관련된 행복한 기억을 심어 주는 것이 방법이다.

『해빗』의 저자 웬디 우드는 "우리 내면에는 좋은 습관이라는 늑대와 나쁜 습관이라는 늑대가 살고 있는데, 어떤 습관에 더 자주 먹이를 주는지에 따라 삶의 방향이 정해진다"고 했다. 좋은 습관이 처음부터 단시간에 좋은 결과를 가져다주진 않지만, 좋은 습관이 장시간 누적되면 미래 삶의 방향이 달라진다. 좋은 습관은 별다른 노력을 기울이지 않고도 날마다 작은 성공을 쟁취하는 방법이 된다.

습관의 좋은 점은 삶에서 새로운 것에 도전할 수 있는 자유로운 시간을 마련해 준다는 점이다. 습관은 무의식적으로 행동하는 것이어서, 어떤 행동이 습관이 되면 그 행동을 하는 데 큰 힘이 들지 않는다. 공부와 독서, 운동처럼 매일 해야 할 중요한 행동들이 습관이 되면, 행동을 마친 뒤의 나머지 시간을 여유롭게 활용할 수 있다. 이처럼 습관은 여유로운 시간을 선사하고, 그렇게 얻은 여유로 정말 중요한 일에 집중할 수 있게 된다. 그 결과 지금까지 하지 않았던 새로운 일에 도전할 수 있게 된다. 반복적이지 않은 새로운 일에 도전할 수 있을 때, 삶은 더욱 풍부해지는 법이다. 따라서 꾸준한 노력으로 아이 때부터 좋은 습관을 들이는 것이 중요하다.

절제

삶을 단순하게 만들기

모든 성공은 스스로 인생을
절제함으로써 완성됩니다.
작은 성취에 들떠 한눈을 파는 사람에게
성공은 달콤한 맛만 보여준 채 떠나갑니다.
지위고하를 막론하고 무절제한 사람에게
성공은 뜬구름일 뿐입니다.

- 미즈노 남보쿠,『절제의 성공학』중에서

자신이 갈 길을 알고 앞을 향해
나아가는 사람은 일상을 절제할 줄 안다.

『절제의 성공학』을 쓴 미즈노 남보쿠는 1757년에 태어난 일본의 전설적인 관상가이자 사상가이다. 그를 따르는 제자가 3,000명이 넘었다고 한다. 하지만 그의 어린 시절은 불우했다. 일찍이 부모를 여의고 10세 때부터 술과 도박과 싸움을 일삼다 18세에 감옥살이를 해야 했다. 그는 출옥 후 관상가를 찾아갔는데, '1년 안에 죽을 운명'이라는 말을 듣고 '나쁜 운'을 피하고자 애를 썼다. 1년 동안 보리와 흰콩만을 먹고, 술도 끊고 버텼다. 이로 인해 그는 죽음을 면하게 되었다. 이후 그는 전국을 돌며 관상을 연구했다.

미즈노 남보쿠는 본인의 모습이 박복하고 볼품없다고 했다. '키는 작고 좀스럽다. 입은 작고 눈은 움푹 들어갔다. 눈썹이 없고 이마는 좁다. 코는 낮고 광대뼈는 높다.' 그러나 그는 절제와 수행을 통해 타고난 운명을 바꾸고 개척할 수 있음을 몸소 보여주었다. 어느 날 그에게 재주와 용모가 뛰어난 사람이 찾아와, 왜 성공하지 못하는지를 묻자, 그는 이렇게 대답했다.

"그대는 작은 성취에 만족하여 취하고 놀 줄은 알아도, 진정으로 혼신을 다해 일할 마음은 없으니 어찌 성공이 있겠소. 어떤 일이든 처음부터 뜻대로 되는 것은 없소. 짧게는 몇 년에서 길게는 몇 십 년까지 심혈을 기울이면 아무리 바보라도 그 일에는 통달한다오. 그때야 비로소 성공의 문이 열리는 것이오." 성공은 절제와 혼신을 다한 노력에 달린 것이다.

자신이 갈 길을 알고, 앞을 향해 나아가는 사람은 일상을 절제할 줄 안다. 삶을 절제하면서 단순화하는 사람이 성공한다. 수학계 최고 권위상인 필즈상을 수상한 프린스턴대 허준이 교수는 오전 3시에 일어나 명상이나 조깅을 하고, 오전 9시에 학교에 도착해 연구와 수업을 하고, 오후 5시에 퇴근하고, 오후 9시에 잠드는 하루 일과를 반복한다. 연구에 집중하기 위해 매일 똑같은 점심 메뉴를 선택한다. 점심 메뉴를 달리 선택한다는 것이 정신을 흩뜨릴 수 있기 때문이다.

애플의 최고 경영자였던 스티브 잡스는 일본 브랜드 이세이 미야케의 검은색 터틀넥 100벌을 주문해서 그것만 입었다고 한다. 무슨 옷을 입을지 고민하는 과정을 생략하기 위해서였다. 중요한 것에 집중하기 위해서는 중요하지 않은 것을 생략하고 절제한 것이다. 미국 반도체 기업 엔비디아의 최고 경영자인 젠슨 황은 공식 행사에서 늘 검은색 가죽점퍼를 입는다. 이에 대해 젠슨 황은 "매일 내려야 할 결정 중 하나를 줄이기 위해 같은 스타일의 옷을 입는다"고 했다.

자신이 집중하는 분야에서 성공을 이룬 사람들은 대부분 자신이 하는 일에 집중하기 위해 다른 모든 것을 단순화한다. 자신이 하는 일에 집중하지 않는 사람에게는 성공이 다가가기 힘든 법이다. 한 번의 작은 성공에 들떠서 한눈파는 사람에게 성공은 뜬구름일 뿐이라는 남보쿠의 말이 와닿는다. 스스로 가야 할 길을 아는 사람, 자기 삶의 주인이 되기를 원하는 사람은, 일상을 절제할 줄 안다. 음식을 절제하면 몸이 건강해지듯이, 외적인 자극의 비중을 줄여야 마음의 평정을 얻을 수 있다.

어릴 때 부모가 정해 준 규칙은
아이의 절제력을 기르는 데 도움이 된다.

나는 아이가 절제된 마음을 가졌으면 하고 늘 바랐다. 그래서 아이가 어릴 때부터 아주 단순한 몇 가지 규칙을 지키도록 했다. 평소에는 친구 같은 아빠가 되어 아재 개그와 같은 썰렁한 농담을 많이 했다. 하지만 정해진 규칙을 지키지 않고, 자신을 통제하지 못하는 것은 용납하지 않았다. 예컨대 자신이 선택해서 하고자 했던 것은 꼭 하도록 했다. 그러지 못했을 때는 그것을 할 때까지 지켜보았다. 해야 할 일이 있는데, 다른 일에 정신이 팔려 하지 못했을 때는 야단을 치기도 했다.

어릴 때 부모의 규칙 준수에 대한 일관된 태도는 아이의 절제력을 기르는 데 도움이 된다. 교육의 목적은 아이를 편하게 해 주는 게 아니다. 절제하면서 스스로 생각하는 힘을 키우도록 하는 것이 교육의 목적이다. 이를 위해서는 부모도 규칙을 준수하는 모습을 보여야 한다. 부모의 말이 아이에게 영향력을 발휘하기 위해서는 부모도 절제하고 인내하는 태도를 가져야 한다.

음식에 관련된 절제도 필요하다. 우리 아이가 어렸을 때, 식사 예절을 꼭 지키도록 했고, 과자와 음료수를 주지 않았다. 당분이 많이 들어간 음식은 아이가 절제력을 키우는 데 방해가 되는 요인이다. 그래서 집에 과자와 음료수를 아예 사다 놓지 않았다. 음식을 먹을 때는 배부르게 먹지 않고, 적당한 양만 먹고 멈추는 걸 습관처럼 지키게 했다. 비싸고 화려한 옷은 사 주지 않았고, 산책과 독서 등을 통해서 매일매일 규칙적으로 할 수 있는 것들을 실천하도록 했다.

아이는 자라면서 어렸을 때 몸에 밴 절제력이 그대로 유지되고 있음을 보여주었다. 대학생이 된 후에도 일상을 절제하는 모습을 보일 때가 많다. 음식을 먹을 때 배부르게 먹지 않고, 맛있는 음식에 대한 욕망도 크지 않다. 비싸고 화려한 옷에도 관심을 두지 않는다. 성인이 되어서는 술도 과하게 마시지 않는다. 게임도 거의 하지 않고, 쇼츠 영상이나 소셜미디어는 가끔 시간 날 때 잠깐 들여다보기만 한다. 학교에서 해야 할 일이 있으면 밤을 새워서라도 한다. 절제하는 사람이 진정으로 자유로운 사람이라는 것을 깨달은 듯 보인다.

절제된 마음이 있으면 인생에서
커다란 자기만의 닻을 가지고 있는 것과 같다.

절제는 스스로 멈출 줄 아는 힘이다. 자유로운 삶을 살아가기 위해서는 지금 당장의 감각적인 쾌락을 추구하는 자신을 극복하는 절제의 노력이 필요하다. 원하는 것을 '지금 바로, 더 많이' 요구하는 것은 쾌락의 노예가 되어 버리는 삶이다. 쾌락은 만족을 모른다. 계속 더 많은 것을 요구하지만, 만족을 느끼지 못하는 감정이다.

쾌락에 빠져 버리면 그것에서 벗어나기 힘들고, 노예 같은 삶을 살아가게 된다. 이러한 쾌락의 쳇바퀴에서 탈출하도록 도와주는 것이 절제이다. 자유는 지금 당장의 쾌락을 요구하는 자신을 수없이 극복하고, 자기 결정이 가능한 사람에게만 주어지는 보상이다. 아이가 자유로운 삶을 살도록 하고 싶다면 절제를 가르쳐야 할 것이다.

아이는 자라면서 세상의 거친 파도와 물결에 직면해야 한다. 그 파도에 휩쓸리지 않기 위해서는 마음속에 닻이 있어야 한다. 바람이 몰아칠 때 쉽게 흔들리지 않고, 편안히 쉴 수 있도록 해 주는 자기만의 닻이 필요하다. 닻으로 단단히 중심을 잡고 있으면, 외부의 자극에 휘둘리지 않는다. 언제 어디서나 평정심을 유지할 수 있다. 그럴 때 비로소 '나다움'을 느낄 수 있다. 절제된 마음이란, 인생에서 굳건한 내면의 닻을 지닌 것과 같다. 절제를 통해 마음이 흐트러지지 않고 영혼이 평화로운 상태에 이르게 되는 것, 그것이 아이에게 진정 필요한 것이다.

정직

아이의 평생 행복을 위한 습관

그의 삶처럼 거짓된 삶은
말할 수 없이 큰 재난을 가져오는데,
그것은 바로 인간의 영혼에
즐거움과 자양분이 될 수 있도록
하늘이 배려한 우리 주변의 모든 현실에서
골수를 다 빼앗아 간다는 것이다.

- 너새니얼 호손, 『주홍글자』 중에서

평생 행복하려면
정직해야 한다.

『주홍글자』는 미국 소설가 너새니얼 호손의 대표작으로, 1850년에 발표되었다. 배경은 17세기 미국 보스턴이다. 이 소설은 청교도 목사 딤즈데일의 위선과 죄책감, 그리고 그와 간통한 여인 헤스터의 진실함과 헌신을 대비시킨다. 헤스터는 간통한 사실을 밝히고 가슴에 간통(Adultery)을 의미하는 'A'라는 주홍글자를 달고 살아간다. 그러나 그녀는 점차 도움이 필요한 사람을 돌보는 성스러운 존재로 변화한다. 반면, 죄를 숨긴 딤즈데일 목사는 죄책감과 신경과민, 자괴감에 시달리며 점점 무너져 간다. 이 이야기가 우리에게 남긴 교훈은 분명하다. 정직하고 진실하게 살아야 비로소 행복할 수 있다는 것. 거짓된 삶은 결국 말할 수 없이 큰 재난을 가져온다.

영국 속담에 이런 말이 있다. "하루 행복하려면 이발하고, 한 해 행복하려면 새 집 짓고, 평생 행복하려면 정직하라." 정직하지 않은 사람은 결국 행복하게 살 수가 없다. 『주홍글자』의 딤즈데일 목사는 자신을 솔직하게 드러내지 못했고, 그로 인해 죄책감과 신체적 쇠약에 시달렸다. 그는 마침내 인간 영혼의 즐거움과 자양분이 될 '골수'까지 빼앗겨 버린 것이다. 그는 사람들 앞에서 진실을 고백한 뒤에야 비로소 마음의 안식을 얻을 수 있었다. 사람은 정직한 삶을 살 때 비로소 행복해질 수 있다.

자신을 솔직하게 드러내지 못하고, 거짓된 모습만을 보여 주려는 사람은 스스로를 혐오하게 된다. 또 끊임없이 '다른 사람이 되어야 한다'는 강박에 시달리기 쉽다. 자기 존재를 부인하고, 실제와는 다른 '더 나은 사람'으로 보여야 한다는 생각에 자기 자신을 솔직하게 드러내지 못한다. 그로 인해 불안과 상처, 많은 고통이 이어진다. 따라서 아이가 행복하게 성장하기 위해서는, 어려서부터 정직하게 자신을 드러낼 수 있도록 도와주어야 한다. 아이들은 스스로에게 솔직해질 때 자존감이 자란다.

정직은 타인의 신뢰를 얻을 수 있는 중요한 방법이다.

정직은 타인의 신뢰를 얻고, 사회에서 성공적인 삶을 살 수 있게 해 주는 중요한 방법이다. 영국의 경제학자 애덤 스미스는 이렇게 말했다. "성공을 거둔 이들을 보면, 그에게 호의를 보였던 이웃과 동시대인들의 좋은 평판을 발판으로 성공을 이룬 경우가 많다. 호의와 평판 없이 성공을 거두기란 극히 어려운 일이다. 정직이 최선의 방책이라는 옛 속담은 이 같은 상황에서 언제나 옳다." 타인과 더불어 살아가야 하는 사회에서 정직을 통해서 얻는 신뢰는 결국 성공으로 이어지는 중요한 열쇠가 된다.

미국의 빅테크 기업 구글은 성공하는 팀의 가장 핵심 조건으로 '심리적 안정감'을 꼽는다. 그리고 그 안정감은 팀원 간의 신뢰에서 비롯된다. 신뢰는 정직과 능력이라는 두 개의 기둥 위에 세워진다. 능력을 갖춘 정직한 사람들이 모인 조직일수록 발전 가능성이 높다.

이 때문에 미국의 빅테크 기업들은 사람을 뽑을 때 '통합성(integrity)'을 중요하게 생각한다. '통합성'이란 말과 행동, 생각이 일치하는 상태를 뜻한다. 겉과 속이 다르지 않고, 자신이 옳다고 믿거나 생각하는 것을 말과 행동으로 일관되게 실천하는 사람을 의미한다. 이는 '정직'과 거의 일치하는 개념이라고 할 수 있다. 정직한 사람들이 모이면 서로를 신뢰할 수 있게 되고, 그 신뢰는 심리적 안정으로 이어진다. 그러한 팀은 자연스럽게 성공에 가까워진다.

아이들은 자라면서 다양한 사람과 더불어 살아가게 된다. 사회 속에서 아이가 성공적인 삶을 살기 위해서는 타인의 신뢰를 얻는 것이 매우 중요하다. 그리고 그 출발점이 정직이다. 훌륭한 부모는 아이가 정직한 사람으로 성장할 수 있도록 도와야 한다.

정직한 아이로 기르기 위해서는
어린 시절의 가정환경이 중요하다.

솔직하게 자신의 생각을 말하는 것, 즉 정직함은 창의성을 키우는 데 중요한 밑거름이 된다. 물론 솔직함은 때론 단점을 드러내기도 한다. 남들과 다른 생각을 표현했을 때, 타인과의 갈등이 생길 수 있기 때문이다. 하지만 그 갈등 속에서 건설적인 타협점을 찾을 수 있다면, 오히려 새로운 창의적 가능성이 열리기도 한다.

또한 정직은 자신에 관한 중요한 통찰을 얻는 소중한 기회가 될 수도 있다. 정직하다는 것은 자신의 강점뿐 아니라, 약점도 솔직하게 드러내는 것을 의미한다. 약점을 인정하고, 이를 극복하고자 노력할 때 아이는 한층 더 성장할 수 있다.

아이를 정직한 사람으로 키우기 위해서는 어릴 적 가정환경이 특히 중요하다. 아이가 솔직하게 자기 감정을 드러내도 문제가 되지 않는 환경이 주어져야 한다. 슬프거나 화가 나서 그 감정을 표현했을 때, 부모가 이를 받아들이고 공감하지 않으면 아이는 자신의 감정을 숨기게 된다. 그리고 아이가 자신이 잘못한 부분을 솔직하게 보여주었을 때, 부모는 그것을 수용하고 함께 개선할 부분을 찾는 모습을 보여주어야 한다. 그렇지 않게 되면 아이는 부모에게 자신의 약점과 잘못을 숨기려 할 것이다. 부모 앞에서 무엇이든 표현하고 말할 수 있는 환경이 만들어져야, 아이는 정직한 사람으로 자라게 된다.

프랑스 철학자 장 자크 루소의 어렸을 적 일화를 보면, 어렸을 때의 환경이 중요하다는 것을 알 수 있다. 루소의 어머니는 출산 중에 사망했고, 아버지가 사정이 있어 루소는 개신교 목사 장 자크 랑베르시에의 집에서 어린 시절을 보내게 된다. 어느 날 아침 어린 루소가 부엌 옆방에 앉아 숙제하고 있을 때, 하녀가 들어와 랑베르시에 목사 딸의 젖은 머리빗 몇 개를 말리려고 난로 위에 올려놓고 나갔다.

하녀가 돌아와 보니 그중 한 머리빗의 빗살이 부러져 있었다. 부엌에 다른 사람은 없었으므로 자연히 루소가 의심받았다. 루소는 빗을 건드린 적이 없다고 결백을 주장했지만, 아무도 믿지 않았고 오히려 거짓말한다는 이유로 벌을 받았다. 루소는 이 사건을 겪은 후, 정직하게 말하는 것을 믿어 주지 않는 세상에서는 거짓을 말하는 것이 합리적인 행동이라고 결론 내린다. 이렇듯 믿음이 없는 환경 속에서는 정직한 아이로 자라나기가 어렵다.

우리 아이를 키울 때, 집에서는 항상 숨김없이 정직하게 이야기를 할 수 있는 환경을 만들고자 노력했다. 아이의 말에 항상 귀 기울여 주었고, 아이의 말을 믿어 주었다. 아이의 말에 담겨 있는 눈에 보이지 않는 의도와 속마음까지 이해하려고 노력했다. 나도 아이 앞에서 거짓말하지 않도록 노력했다. 잘못한 부분이 있으면 아이에게 솔직히 말하고 미안함을 표현했다. 이런 노력 덕분인지, 우리 아이는 부모 앞에서 정직하게 자신의 생각을 이야기할 수 있게 되었다. 학교와 군대에서도 솔직하게 자신의 생각을 말할 수 있는 사람이 되었다. 우리 아이는 앞으로도 계속 정직한 삶을 살아갈 것이고, 그러니 평생 행복하게 살 수 있을 것이다.

기억

스마트폰으로부터 멀어지기

"기억이 사라지면
영혼도 사라지는 거야."
"영혼이 왜 사라져?
내가 니 기억이고 니 마음이야."

- 영화 《내 머리 속의 지우개》 중에서

디지털 기기 때문에 아이들의 기억이 사라지고 학습 능력도 떨어지고 있다.

《내 머리 속의 지우개》(2004)는 정우성, 손예진 주연의 영화다. 극 중에서 두 사람은 연인 사이이고 결혼까지 한다. 마냥 행복할 것만 같았던 두 사람 사이에 불행의 그림자가 드리우게 된 건 여주인공이 20대의 젊은 나이에 알츠하이머병에 걸렸기 때문이다. 여주인공은 기억이 점점 사라져가면서, 사랑하는 사람에게 헤어지자고 한다. "기억이 사라지면 영혼도 사라지는 거야"라고 하면서. 결국 여주인공은 편지 한 장을 남기고 떠난다. 시간이 지나 두 사람은 요양원에서 재회하게 되지만, 여주인공은 남주인공을 기억하지 못한다.

기억은 우리의 삶에서 매우 중요한 부분이다. 어쩌면 기억으로 인해 우리가 사람답게 살 수 있는지도 모른다. 과거에 대한 기억이 우리의 영혼을 만드는 것이다. 그런데 최근에 인간의 기억이 점점 감퇴하는 현상이 나타나고 있다. 디지털 기기에 너무 의존하게 되면서 생겨나는 현상이다. 이것을 '디지털 치매'라고 부르기도 한다. 디지털 치매는 스마트폰, AI와 같은 디지털 기기에 너무 의존한 나머지 인식, 계산, 기억력이 떨어지는 증상을 일컫는 말이다. 디지털 기술이 발달하면서 원래 인간의 두뇌가 할 수 있는 일들을 디지털 기기들이 대신해 주며 벌어진 일이다.

2007년 6월에 애플에서 첫 아이폰을 출시했다. 그 이후로 우리 생활에서 스마트폰은 필수품이 되어 버렸다. 스마트폰이 등장한 이후 스마트폰은 우리 삶의 많은 부분에서 편리함을 가져다주었다. 손안에서 많은 것들을 해결할 수 있게 되었고, 사람 간의 커뮤니케이션도 수월하게 이루어질 수 있도록 도움을 주고 있다. 그러나 영화《다크나이트》의 하비 덴트 검사가 정의를 지키기 위한 목적에서 일을 하다가 사악한 마음에 물들어 슈퍼 빌런이 되었듯이, 스마트폰도 처음에는 좋은 목적을 위해 만들어졌지만 지금은 우리의 학습과 기억을 방해하는 슈퍼 빌런이 되어 버렸다.

요즘 주변에서 스마트폰이 눈에 보이지 않으면 안절부절못하고 불안감을 호소하는 이들이 많다. 소셜미디어, 숏폼 영상들에 중독된 사람들도 많다. 미취학 어린이 중에도 스마트폰 중독에 빠진 경우를 어렵지 않게 볼 수 있다. 잠시라도 스마트폰이 손에서 멀어지면 불안해하며, 계속해서 이용해도 만족하지 못한다.

내가 근무하는 대학에서 학생들을 보면, 길을 걸어가면서도 스마트폰에서 눈을 떼지 못하는 모습을 흔하게 볼 수 있다. 마치 좀비처럼 보이기도 한다. 이렇게 스마트폰에 매달려서 하루 종일 눈을 떼지 못하는 사람은 집중력이 떨어지고, 기억력이 저하될 가능성이 크다. 학생들에겐 스마트폰이 학습을 방해하는 가장 나쁜 '슈퍼 빌런'이다.

부모는 초등학생 때까지
아이들을 디지털 기기에서 멀어지게 해야 한다.

식당에 밥 먹으러 가면 부모들이 아이에게 밥 먹는 내내 스마트폰을 보게 하는 광경을 자주 목격할 수 있다. 그 모습을 볼 때마다 부모가 아이의 스마트폰 중독을 부추기는 건 아닌가 싶어 걱정스러웠다. 물론 부모 입장에서는 잠시라도 편히 식사하고 싶은 마음일 수 있지만, 부모의 역할을 진지하게 다시 생각해 보아야 할 것이다.

스마트폰이나 컴퓨터 게임 같은 디지털 기기로부터 아이를 멀어지게 하려면, 그것을 대신할 수 있는 더 좋은 경험들을 많이 하게 하는 것이 중요하다. '나쁜 습관을 없애는 가장 좋은 방법은 좋은 습관을 들이는 것이다'라는 말처럼, 아이의 디지털 중독을 막고 싶다면 함께 건강한 시간을 보낼 수 있는 활동을 찾고, 적극적으로 함께 해 보는 것이 바람직하다. 예를 들어, 아이와 함께 책을 읽으며 자연스럽게 독서 습관을 길러 주는 것, 또는 야외에서 즐겁게 몸을 움직이며 시간을 보내는 것 등이 좋은 대안이 될 수 있다.

우리 아이가 어렸을 때는 스마트폰이 없었기 때문에, 스마트폰에 빠질 염려는 없었다. 컴퓨터 게임은 처음부터 못 하게 했고, 그래서인지 아이도 할 생각을 하지 않았던 것 같다. 대신에 아내와 내가 아이가 심심하지 않게 보드게임을 같이 하거나 산책을 자주 같이 다녔다. 아이가 어렸을 때, 가족이 모여서 부루마블 게임을 자주 했다. 그 시간을 통해 아이는 게임의 목표를 이해하고, 게임을 계속하려면 규칙을 지켜야 한다는 사실을 자연스럽게 익히게 되었다. 자기 차례를 기다리는 것도 게임의 한 부분이라는 점을 받아들이면서 인내심도 기르게 되었다. 이러한 경험은 학교생활에도 도움이 되었다. 학교에는 더 많은 규칙과 제한이 있지만, 아이는 이미 게임을 통해 규칙을 배우고 익숙해졌기 때문에 적응이 훨씬 수월했다.

아이가 초등학생이 된 이후에, 함께 종종 '기억놀이'를 하곤 했다. 세계지도를 펼쳐 각 나라 수도 외우기, 역사 연대표를 보며 연대별 사건 기억하기, 원소 주기율표 외우기 등 다양한 놀이를 함께했다. 놀이를 통해 기억하는 훈련을 하면, 학습에 필요한 내용도 더 쉽게 기억할 수 있다.

아이가 스마트폰을 멀리하게 하려면, 부모부터 스마트폰과 같은 디지털 기기를 멀리해야 할 것이다. 적어도 아이 앞에서는 스마트폰을 내려놓고, 건강하게 몰입할 수 있는 활동을 찾는 것이 좋다. 부모가 무엇인가에 즐겁게 몰두하는 모습을 보이면, 아이도 자연스럽게 그 모습을 따라 하게 된다.

스마트폰에 빠져 버린 아이들의 뇌는
자기 판단 능력을 잃어버린다.

스마트폰에 깊이 빠진 아이들의 뇌는 점차 자기 판단 능력을 잃어 간다. 그뿐만 아니라 기억력과 학습 능력 또한 저하된다. 어떤 사람은 AI(인공지능) 시대에는 기억하지 않아도 질문과 검색만 잘하면 된다고 주장한다. 하지만 사람을 사람답게 만드는 핵심은 바로 '기억'이다. 사람의 창의성이란 머릿속에 있는 여러 기억을 새로운 관점에서 연결하는 과정에서 나타난다. 기억하지 않고, 생각하지 않고, 말조차 하지 않는 아이는 결국 사고력과 자율성을 잃고 무기력에 빠지게 된다. 디지털 기기에 중독된 아이는 단지 기술에 익숙해지는 것이 아니라, 스스로 생각하고 판단할 수 있는 인간으로서의 힘을 점차 잃어 간다.

영국 옥스퍼드 사전은 2024년의 단어로 'brain rot(뇌 썩음)'을 선정했다. 이는 원래 미국 작가 헨리 데이비드 소로의 책 『월든』에서 19세기 산업혁명 이후 사회에 만연한 물질주의를 지적하기 위해 사용한 단어였다. 최근에는 유튜브 등의 짧은 영상을 보며 사고가 정체된 상태를 가리키는 말로 쓰인다. AI 전문가들은 AI의 거짓을 검증할 수 있는 인간의 독립적이고 비판적인 사고능력이 중요하다고 말한다. 그러나 스마트폰에 깊이 빠진 아이들의 뇌는 제 기능을 잃고, AI 시대에 중요한 비판적 사고 능력조차 상실하게 된다.

　예전에는 디지털 격차를 말할 때, 디지털 기기에 제한 없이 접촉할 수 있는지 여부를 고려했다. 그러나 최근에는 디지털 기기에 접촉하는 것을 제한할 수 있느냐를 따진다. 디지털 기기에 가급적 늦게, 적게 접촉할수록 학습능력도 높아지고 성공할 가능성도 커지는 것이다. 실리콘밸리의 학부모들이 자녀들에게 디지털 기기 접촉을 제한하는 것도 이런 이유에서일 것이다. 아이의 영혼을 지키고 싶다면, 적어도 초등학생 때까지는 스마트폰으로부터 멀어지게 하는 것이 좋다. 기억이 사라지면, 영혼도 사라진다.

… 질투

타인과의 비교에서 벗어나기

내 희망의 내용은 질투뿐이었구나
그리하여 나는 우선 여기에
짧은 글을 남겨 둔다
나의 생은 미친 듯이 사랑을 찾아 헤매었으나
단 한 번도 스스로를 사랑하지 않았노라

- 기형도, 「질투는 나의 힘」 중에서

질투에 빠진 사람은
행복하지 않다.

우리 속담 중에 이런 말이 있다. "사촌이 땅을 사면 배가 아프다." 남이 잘되는 걸 보면 괜히 우울하고, 때로는 남의 불행에서 위안을 얻기도 한다. 이런 심리를 우리는 '질투'라 부른다. 독일 철학자 칸트는 질투를 이렇게 정의했다. "타인의 행복이 내 행복을 조금도 해치지 않음에도, 그 행복을 보는 것 자체로 고통을 느끼는 마음." 그래서 질투는 이성적으로 설명하기 어려운 감정이다. 나에게 어떤 손해도 없는데, 남의 행복 앞에서 나 스스로가 괴로움을 느끼는 감정이기 때문이다.

현대 사회는 질투가 넘쳐나는 사회다. 독일의 철학자 페터 슬로터다이크는 현대 사회를 가리켜 '질투 사회'라 정의하며 이렇게 말했다. "현대 자본주의 사회에는 질투를 만들어내는 원자로와 시기심을 유발하는 발전소가 존재하며, 지금은 고삐 풀린 대중의 질투가 범람하는 시대다." 특히 소셜미디어가 일상화되면서 타인의 삶을 쉽게 볼 수 있게 되었다. 소셜미디어는 타인의 멋진 삶을 보여주면서 질투를 생산하는 원자로의 역할을 하고 있다.

질투의 감정에 빠진 사람은 행복을 느낄 확률이 높지 않다. 기형도의 시「질투는 나의 힘」에서처럼, 자신의 희망이 타인을 향한 질투뿐인 사람은 불행하다. 왜냐하면 자기 스스로를 결코 사랑하지 못하기 때문이다. 아름답고, 사회성이 뛰어나고, 자신의 분야에서 성공하고, 부지런하고, 멋진 곳을 여행하고, 맛있는 식사를 하는 타인의 모습들을 소셜미디어를 통해 볼 수 있다. 상대적으로 초라해 보이는 현실의 나는 그 모습들을 보면서 행복하지 않다. 질투의 감정에 빠진 나는, 나를 사랑할 수 없게 된다.

소셜미디어는 다른 사람의 화려한 모습만을 보여 준다.

한국 사회의 문제로 지적되는 것 중 하나가 소셜미디어로 인한 '평균 올려치기' 현상이다. 소셜미디어에 나타나는 화려한 타인의 모습을 평균적으로 생각하게 되는 왜곡 현상이 사람을 주눅 들게 한다는 것이다. 현실의 내가 도저히 따라갈 수 없는 것들이 '평균적인 삶'인 것처럼 포장되어 퍼지고 있는 것이다. 서울 신축아파트 전세를 사는 신혼, 특급호텔에서의 결혼 같은 것이 평균으로 둔갑하면서 현실의 평범한 사람들은 결혼할 엄두를 내지 못한다.

유명한 희극 배우 찰리 채플린은 이렇게 말했다. "인생은 가까이서 보면 비극이고 멀리서 보면 희극이다." 사람들이 소셜미디어에 올린 내용들을 보면 다들 즐거워 보인다. 행복한 여행을 즐기고, 값비싸고 먹음직스러운 식사를 하고, 사회적으로 성공한 모습들이 소셜미디어에 등장한다. 희극이다. 그런데 현실의 나는 그러지 못해서 힘들어 하고, 현실의 내 삶에는 슬픈 일들이 많다. 비극이다.

소셜미디어에 자신의 행복한 모습을 보여주고자 하는 사람도 실제로 늘 행복한 것은 아니다. 윌 스토는 그의 책『셀피: 자존감, 나르시시즘, 완벽주의 시대를 살아가는 법』에서 이렇게 말한다. "인간 자아의 가장 핵심적인 활동은 남들이 우리를 어떻게 생각하는지에 깊은 관심을 갖고 이를 통제하고자 하는 것이다." 그는 소셜미디어를 통해 확인을 받고자 하는 욕구는 바람직하지 않은 현상이라고 지적한다. 자신의 정체성을 오롯이 타인의 평가에만 의존하는 사람은 항상 불안에 시달리게 되기 때문이다.

스마트폰으로 셀카를 찍어서 소셜미디어에 게시하는 사람들은 타인이 보내는 '좋아요'와 댓글에 민감하게 반응한다. 피드백이 많을 때는 한껏 올라갔던 자존감이, 피드백이 끊기는 순간 와르르 무너져 버린다. 이럴 때는 스스로에 대한 부정적 감정 때문에 힘든 시간을 보내게 된다.

인간은 모방하는 습관이 있다. 소셜미디어를 통해 보게 되는 타인의 의지와 성공은 자극제가 되어 무언가를 하도록 동기를 부여하기도 한다. 멋있는 몸을 만들기 위해 운동을 하고, 성공한 사람이 되기 위해 절제하고 노력도 하게 된다. 소셜미디어를 통해

현대인들이 느끼는 질투의 감정은 자기계발에 몰두하게 만드는 긍정적 측면이 있다. 그렇지만 소셜미디어에 지나치게 몰입하면 건강한 자극을 받는 게 아니라 자기비하와 열등감에 사로잡히게 된다. 적당한 거리두기가 필요한 부분이다.

아이가 공부해야 할 때는
소셜미디어로부터 거리를 둘 수 있어야 한다.

우리 아이는 중학교 2학년이 되면서 처음으로 자기 소유의 스마트폰을 사용할 수 있게 되었다. 하지만 최신의 성능 좋은 스마트폰은 아니었다. 그때 나는 아이에게 소셜미디어에 지나치게 몰입하지 않도록 했고, 충분히 그 이유를 설명했다. 아이도 그 점에 공감했고, 소셜미디어에 거의 시간을 뺏기지 않았다.

공부에 몰두해야 할 청소년기에 소셜미디어에 관심을 두고 수시로 들여다보면, 집중력이 분산되어 몰입이 어려워진다. 이 시기에는 가능한 한 주의가 흐트러지지 않도록 환경을 조성하는 것이 중요하다. 청소년들이 소셜미디어에 지나치게 몰두하게 되면, 타인의 멋진 모습과 비교해 현실의 자신을 초라하게 느끼거나, 스스로를 불행하다고 여기게 되는 경우가 많다. 타인의 멋진 모습과 비교되는 현실의 내 모습에 불만을 가질 수도 있다. 또한 자신의 모습을 올렸을 때 타인의 평가를 지나치게 의식하게 되면서, 불안에 빠지기도 한다.

　예전에는 부모가 다른 집 아이와 비교하면서 아이를 주눅 들게 했다면, 이제는 소셜미디어가 그 역할을 대신하고 있다. 아이의 진정한 행복을 바란다면, 타인과의 비교를 멈추고, 아이가 스스로 온전히 '나'로 살아가는 법을 배울 수 있도록 도와야 한다. 질투를 유발하는 소셜미디어로부터 거리를 둘 수 있도록 세심한 지도가 필요하다. 미국의 팝가수 테일러 스위프트는 팬에게 보낸 편지에 이렇게 썼다. "절대 타인과 자신을 비교하지 마. 그건 내가 보여주지 않을 부분을, 다른 사람의 가장 멋진 장면과 비교하는 거야."

아이의 공감 능력 발달을 위해 필요한 것들

4장

경청

아이에게 정성을 쏟는 시간

모모에겐 재능이 있었어.
그건 그림을 잘 그리는 것도 아니고
대단한 초능력도 아닌
그저 잘 들어주는 것이었어.

- 미하엘 엔데, 『모모』 중에서

모모는 뛰어난 경청 능력 덕분에
매우 소중한 존재가 되었다.

'모모'는 1973년에 출간된 미하엘 엔데의 판타지 소설 제목이자, 주인공 소녀의 이름이다. 원래 제목에는 '시간을 훔치는 도둑과, 그 도둑이 훔쳐 간 시간을 찾아주는 한 소녀에 대한 이상한 이야기'라는 부제가 붙어 있었다. 나는 이 책을 중학교 1학년 때쯤 읽었던 것 같다. 그때부터 남의 이야기를 잘 들어준다는 것이 중요하다는 사실을 깨달았고, 항상 잘 들으려고 노력했다.

소설 『모모』에서 모모는 누더기 옷을 입고 집도 없이 마을에 있는 원형극장에서 마을 사람들의 보살핌을 받으며 살고 있는 아이였다. 모모는 경청 능력이 아주 뛰어났다. 답을 주거나 토론하는 게 아니라 오로지 집중해서 들어주었다. 모모는 가만히 앉아서 따뜻한 관심을 갖고 온 마음으로 상대방의 이야기를 들었을 뿐이다. 그리고 그 사람을 커다랗고 까만 눈으로 말끄러미 바라보았다. 그러면 그 사람은 자신도 깜짝 놀랄 만큼 지혜로운 생각을 떠올릴 수 있었다.

그렇게 모모는 마을 사람들에게 매우 소중한 존재가 되었다. 마을 사람들은 문제가 생기면 "모모한테 가 보게"라는 말을 할 정도였다. 이처럼 사람에게 경청하는 능력은 매우 중요하다. 상대방의 이야기를 몰입해서 들어주는 것만큼 상대방의 호의를 이끌어

내는 좋은 방법이 없을 정도다. 상대방이 고민이 있을 때, 그 사람의 이야기를 잘 들어주기만 해도 고민의 해답을 스스로 떠올리게 되기도 한다.

　친구를 얻는 가장 쉬운 방법은 상대방에게 관심을 기울이고, 상대방의 이야기를 들어주는 것이다. 친구를 얻기 위해서는 잘 듣는 사람이 되어야 한다. 그래서 상대방이 자신에 대해 이야기하도록 만드는 것이 중요하다. 대부분의 사람들은 자신의 이야기를 잘 들어주는 사람에게 호의를 느낀다. 모모가 그랬던 것처럼, 아무 말 없이 경청하는 것만으로도 중요한 사람이 될 수 있다.

아이를 키울 때 부모는 항상
아이의 말에 귀를 기울여야 한다.

　부모는 항상 아이의 말에 귀 기울이며, 진심으로 경청하는 태도를 보여야 한다. 그럴 때 아이는, 마을 사람들이 모모를 소중히 여겼듯, 자연스럽게 부모를 신뢰하고 따르게 된다. 또한 아이가 부모 앞에서 마음껏 이야기를 나눌 수 있게 되면, 자존감도 함께 높아진다. 어릴 적부터 대화를 많이 나눈 아이는 어휘력 향상에도 큰 도움을 받는다. 부모와의 대화 속에서는 또래 관계만으로는 접하기 어려운 어휘와 표현을 자연스럽게 익히게 되기 때문이다.

우리 아이가 어렸을 때, 나는 항상 아이의 말을 끝까지 들어주려 했다. 설령 말에 두서가 없다 해도, 중간에 끊지 않고 일단 끝까지 들었다. 아이와 대화를 나눌 때면, 내 말은 줄이고 아이가 더 많이 말할 수 있도록 노력했다. 부모가 말하는 시간이 짧을수록, 아이가 이야기할 기회가 늘어나기 때문이다. 아이의 말에 짧게 답변해 주는 것만으로도, 아이는 훨씬 더 이야기를 많이 하게 된다. 그래서 나는 늘 아이 앞에서 말을 많이 하는 사람이 아니라, 귀 기울여 들어주는 사람이 되고자 했다.

그리스 철학자 플라톤은 이렇게 말했다. "진정한 소통은 상대방의 말을 이해하려는 것인데, 대부분의 사람들은 자신의 말을 하기 위해 듣는다." 우리 주변에도 자신의 말만 하고, 상대방이 말할 때는 자신이 무슨 말을 할지만 생각하는 사람들을 흔히 볼 수 있다. 아이의 말을 충분히 이해하려 하지 않고, 부모가 자기 이야기만 하는 경우도 있다. 부모가 말을 많이 한다고 결코 좋은 것이 아니다. 오히려 침묵을 통해 아이의 말을 경청하고 이해하는 것이 더 중요하다.

아이의 말을 경청하는 부모 밑에서 자란 아이는 자연스럽게 공감 능력도 함께 키워 나가게 된다. 아이는 부모의 모습을 모방하고자 하는 경향이 있기 때문이다. 부모가 아이의 말을 들어주고 그 감정에 공감해 주면, 아이도 다른 사람의 말을 경청하고 공감하는 법을 자연스럽게 배운다. 공감 능력은 남의 이야기를 잘 들는 데서 비롯된다. 부모가 아이의 말을 귀 기울여 들어 주면, 아이도 타인의 감정에 민감하게 반응하고 존중할 줄 아는 사람으로 성장할 가능성이 크다. 이렇게 자란 아이는 부모의 품을 벗어나 사회로 나아가서도 타인과의 관계 속에서 공감 능력을 잘 발휘할 수 있게 된다.

공감이란 다른 사람이나 집단의 감정, 생각, 관점을 그대로 받아들이는 것이 아니라, 그것을 얼마나 잘 이해하고 받아들이려는 태도를 갖는가를 뜻한다. 나는 마라탕을 좋아하지 않는다. 그렇지만 마라탕을 맛있게 먹는 사람들의 취향을 인정하고 존중한다. 이처럼 공감할 줄 아는 사람은 나와 견해나 생활 방식이 다른 사람을 이해하고 존중할 줄 안다. 우리 아이는 앞으로 세계 속에서 서로 다른 문화적 취향을 가진 사람들을 상대하고, 같이 일해야 할 것이다. 그럴 때 공감 능력은 분명, 중요한 역할을 하게 될 것이라고 생각한다.

아이의 말을 경청하는 충분한 시간을 가지도록 하자.

『모모』의 주인공 모모는 자신이 다른 사람의 말을 들어주는 재주를 갖게 된 것은, 충분한 시간 덕분이라고 했다. 현대 사회를 살아가는 많은 사람은 시간을 아끼고, 효율적으로 사용하라는 압박을 받고 있다. 시간의 경제적 가치를 중요하게 생각하는 사회적 분위기 탓 때문이다. 시간을 아껴 쓰면서 비어 있는 시간을 두지 않겠다는 강박관념은 아이를 대할 때도 그대로 나타날 때가 있다. 아이의 이야기를 들어줄 시간을 아까워할 때가 생기는 것이다. "아빠는 바쁘니까, 다음에 이야기하자" 하면서 아이에게 시간을 내주지 않는 사람들이 있다.

 시간을 아끼는 사이에 실제로는 자신의 삶이 점점 빈곤해지고, 차가워지고 있다는 사실을 알아차리지 못하는 사람들이 있다. 이런 사람들은 자신이 가장 소중하게 생각하는 아이들을 위해서도 시간을 낼 수 없게 된다. 이렇게 되면 삶에서 진짜 중요한 것을 놓치게 된다. 그러니 아이 앞에서는 시간을 아까워하지 말자. 아이와 함께하는 순간은 결코 아까운 시간이 아니다. 아이와 산책도 하고, 아이의 이야기를 경청하는 충분한 시간을 가지도록 하자. 아이에게 정성을 쏟는 시간만큼, 아이는 잘 자라게 된다.

부모가 아이의 말을 들어주고
그 감정에 공감해 주면
아이도 다른 사람의 말을 경청하고
공감하는 법을 자연스럽게 배운다

독서

책을 읽는 아이 만들기

"한 권의 책은
우리 안의 꽁꽁 얼어붙은
바다를 깨는 도끼여야 한다."

- 소설가 프란츠 카프카

독서는 현재의 내 모습에 균열을 내고
변화를 일으킬 수 있는 방법이다.

프란츠 카프카는 오스트리아-헝가리 제국의 유대계 소설가이다. 1883년에 현재 체코의 수도인 프라하(당시에는 오스트리아-헝가리 제국의 영토)에서 태어나 독일어를 쓰는 프라하 유대인 사회 속에서 성장했다. 1904년 1월 27일 21세의 젊은 카프카는 그의 친구 오스카 폴락에게 보낸 편지에서 '어떤 책을 읽어야 하는지, 책은 어떤 것이어야 하는지'에 대한 자신의 견해를 밝히면서 이렇게 말했다. "책은 도끼여야 한다."

또한 카프카는 "우리를 찌르고 상처를 줄 수 있는, 오직 그런 종류의 책만을 읽어야 한다고 생각한다"라고도 했다. 다소 표현이 과격하기는 하지만, 공감이 가는 말이다. 책은 지금 우리가 갖고 있는 생각에 생채기를 내고 다른 생각을 할 수 있게 한다는 의미에서 '도끼'여야 한다. 책에는 작가의 가치관과 정체성이 담겨 있다. 그것이 내 생각과 충돌하는 순간이 있다. 그리고 그 충돌에 의해서 나의 가치관과 정체성이 더욱 풍성하게 확장될 수 있다.

인간은 살면서 무수한 도끼들에 의해 삶과 정신을 가격당하고 있고, 그 가격들이 인간의 존재를 구성하고 있다. 인간은 상처로 이루어진, 상처 속을 살아가는 존재라는 것을 살아 보니 알 것 같다. 알을 깨고 나오려는 인간은 그 상처를 감내해야만 한다. 상처를 견디면서, 자기 안에 있던 기존의 고정관념을 깨고, 그 너머의 세상을 꿈꾸는 존재가 진정으로 인간다운 존재라는 생각이 든다.

책을 읽는다는 것은 현재의 내 모습에 균열을 내고, 변화를 야기할 수 있는 손쉬운 방법이다. 실제 현실 세계에서의 경험으로 상처받고, 변화를 다짐하는 것은 너무나 힘들고 가혹한 과정이기 때문이다. 책을 읽는 행위를 통해 상처를 받는 것은 인간을 성장시킬 수 있는 계기가 된다. 그렇게 변화를 다짐할 수 있다면, 인간의 성장에 그만큼 좋은 것이 없다. 근육을 키우기 위해서는 근육이 찢어지는 상처를 감내해야만 한다. 생각을 키워 나가기 위해서는 도끼 같은 책을 읽으면서 생각에 상처가 나고 균열이 생기는 과정을 감내해야만 한다.

아이들에게 독서는
무엇보다 중요하다.

아이들에게 책을 읽히는 것은 무엇보다 중요하다. 책은 삶의 다양한 방식이나 관점을 익히고, 지식을 축적하고, 어휘력과 문해력 향상에도 도움을 준다. 무엇보다 책은 마음의 힘을 길러 주는 역할을 한다. 나는 아이가 어느 정도 말을 하기 시작했을 때부터, 무릎에 앉히고 그림이 많은 동화책을 읽어 주었다. 저녁 약속이 없는 날에는 아이가 잠들기 전에 동화책 한 권을 읽어 주었다. 이 과정을 여러 날 반복했고, 이후로 잠자기 전 책 읽어 주기는 습관이 되었다. 유대인들은 아빠가 미성년 자녀의 취침 전 베갯머리에서 반드시 15분 이상 책을 읽어 준다고 한다. 그것을 따라 하려고 했다.

책 읽어 주기는 부모가 아이와 함께 상상의 세계로 빠져들 수 있는 즐거운 시간이다. 잠자기 전 책 읽어 주는 과정을 거치면서, 우리 아이는 자연스럽게 책을 좋아하게 되었다. 한글을 익히고 난 후에는 많은 책을 직접 읽어 보기를 원해서 그때부터는 과학 만화 전집, 어린이 도서 전집을 사서 아이 눈높이에 맞는 책장 칸에 꽂아 두었다. 아이는 수시로 책을 꺼내서 보고 또 보았다. 과학 만화책은 여러 번 읽고 또 읽어서 그 내용을 모조리 외울 정도였다.

독서를 통해 얻는 언어 능력은
아이의 운명을 가른다.

매리언 울프는 그의 책 『책 읽는 뇌』에서 독서를 '인류사 최고의 발명품'이라고 했다. 책을 읽는 행위는 뇌의 지적 진화를 이루면서 커뮤니케이션 능력을 변화시킨다고 했다. A라는 단어나 문장을 읽었을 때, 뇌는 시각으로 A를 빠르게 읽고, 낱말과 문장의 뜻을 떠올린다. 그때 뇌는 '문자의 모양, 단어의 형태, 공통적인 문장'으로부터 정보를 빠르게 입수하고 언어 체계로 보내 해독한다. 이러한 과정을 통해 뇌는 '지적 진화'를 이루게 되고, 눈에 보이지 않는 미래의 모습을 상상하고 꿈꾸게 된다. 이처럼 아이가 독서를 하면, 책 너머에 있는 보이지 않는 세계를 상상할 수 있게 된다. 이는 아이의 뇌가 성장하고 발달하는 데 결정적으로 중요하다.

또한 독서를 통해 얻는 언어 능력은 아이의 운명을 가르는 기준이 되기도 한다. 『책 읽는 뇌』에 따르면, 독서를 통해 언어적 자극을 받은 아이와 그렇지 못한 아이 사이에는 최대 3,200만 개의 어휘 격차가 벌어진다. 어휘의 격차는 생각의 차이를 만들고, 문해력에도 큰 차이를 만든다. 이는 학습에서의 격차로 이어지고, 이것이 아이의 운명을 가른다. 뇌에 저장된 어휘 수준이 한 사람의 일생을 좌우할 수도 있다는 뜻이다.

우리 아이가 초등학교 입학 전에 많이 읽었던 책은 과학지식을 담은 만화책이었다. 재미있고 흥미롭게 느껴져서인지 여러 번 읽고 또 읽었다. 이들 책을 통해서 과학에 대한 흥미를 느끼게 되었고, 책을 통해서 무언가를 안다는 것의 즐거움을 느끼게 되었다. 이를테면 가족이 함께 TV를 보다가 자신이 읽은 책에 있는 내용이 나오면, 아이는 책을 가지고 나와서 자신이 그 내용을 책에서 보았고, 그것을 알고 있음을 자랑했다. 나는 그럴 때마다 아이를 칭찬해 주었고, 아이는 더욱 책에 집중하게 되었다.

책을 통해서 안다는 것의 즐거움을 깨우친 아이는 초등학교 저학년 때까지 많은 책을 읽었던 것 같다. 이때 축적되었던 어휘력은 아이에게 매우 중요한 자존감의 원천이 되었다. 그러다가 초등학교 고학년이 되면서 학원에서 보내는 시간이 늘어나고 숙제도 많아지면서, 독서량이 점점 줄어들기 시작했다. 대학에 가서도 수업 과제들이 많다 보니, 전공책 외에는 어릴 때처럼 많은 책을 읽지는 못하는 것 같았다. 그러다가 군에 입대하면서 여유시간이 생겼고, 다시 많은 책을 읽고 있다. 책을 읽으면서 아이의 생각과 가치관이 풍성하게 확장되기를 바란다.

아이는 서울대 공대를 다니면서 훌륭한 과학자 혹은 공학자가 되기를 꿈꾸고 있다. 이러한 꿈을 이루기 위해서는 풍부한 상상력이 필요하다. 이는 타고나는 것이 아니다. 풍부한 상상력을 길러 주는 데 독서만큼 좋은 것이 없다. 또한 독서는 정서적 안정감을 조성하고 공감 능력을 향상시키는 데도 도움을 줄 수 있다. 진정으로 훌륭한 사람이 되기 위해서는 공감 능력 또한 반드시 갖추어야 할 조건 중 하나다. 결국, 아이의 인생을 바꾸고 싶다면 책을 읽는 아이로 자랄 수 있도록 어릴 때부터 독서 습관을 길러 주어야 한다.

생각을 키워 나가기 위해서는
도끼 같은 책을 읽으면서 생각에 상처가 나고
균열이 생기는 과정을 감내해야만 한다

배움

성장을 위해 평생 해야 하는 것

I'm not a perfect person
(난 완벽한 사람이 아니야)
There's many things I wish I didn't do
(내가 하지 않았더라면 좋았을 것들이 많아)
But I continue learning
(하지만 나는 계속 배우는 중이야)

- Hoobastank, <The Reason> 중에서

배움을 통해서 사람은
조금씩 더 성장해 나간다.

〈The Reason〉이란 노래는 미국 밴드 Hoobastank가 2003년에 발표한 곡이다. 이 노래는 세상과 부딪히면서 실연과 좌절을 겪는 힘겨운 젊음을 이야기한다. 또 힘겹지만 젊음은 계속 앞으로 한 발씩 나아가야 한다는 메시지도 담겨 있다. 앞으로 한 발 나아가기 위해서는 자신이 변화해야 하고, '나는 계속 배우는 중이야'라고 말할 수 있어야 한다. 후회스러운 일이 있어도 배우는 중이기 때문에 계속 앞으로 나갈 수 있는 것이다.

이 노래를 알게 된 건 넷플릭스 오리지널 시리즈 《성난 사람들(Beef)》 때문이다. 이 드라마는 2024년 1월에 열린 제75회 에미상 시상식에서 8관왕을 차지했다. 특히 한국계 감독과 배우가 다수 등장해서 미국에 정착한 한국 이민자들의 모습을 보여줘, 한국인 입장에서 흥미롭게 볼 수 있었다. 각 에피소드가 끝날 때마다 1990년대와 2000년대 팝 음악들을 들려주는데, Hoobastank의 〈The Reason〉은 1편 엔딩에서 흘러나온다.

이 노래의 가사 첫 구절처럼, 사람은 완벽하지 않다. 그렇기 때문에 하지 않았으면 좋았을 실수도 하고, 그것 때문에 좌절하기도 한다. 공부를 할 때, 일을 할 때, 연애를 할 때도 항상 실수하고 후회하게 된다. 그럼에도 불구하고 사람이 계속 다시 시작하고 도전하고, 앞으로 나아갈 수 있는 것은 배우려고 하기 때문이다. 배움을 통해서 사람은 조금씩 더 성장해 나간다.

드라마 《성난 사람들》의 대본을 쓰고 연출을 맡은 이성진 감독은 언론과의 인터뷰에서 자신의 무명 시절 일이 없었던 때를 회고하며 이렇게 말했다. "할리우드에서 작가로 데뷔하는 건 정말 어려워요. 운도 좋아야 하고, 정말 잘 써야 합니다. 운은 내 힘으로 안 되지만, 글을 잘 쓰는 건 가능해요. 당시 전 나가 놀지 않고, 집에서 대본을 쓰고, 개선하고, 작가나 감독들이 썼던 글을 보며 연구했어요. 그러면 운이 따라와요." 열심히 공부하고 연구를 하다 보면, 자연스레 운도 따라온다.

사람은 죽는 날까지 계속 배워야 한다.

배움에는 끝이 없다. 사람은 죽는 날까지 계속 배워야 한다. 미켈란젤로는 88세의 나이로 죽기 직전까지도 "나는 아직 배우고 있다"라고 했다. 인생에서 무엇을 추구하든, 과거의 모습에서 탈피해 계속 전진하기 위해 배우려고 하는 모습은 참으로 아름답다.

건축계의 거장인 안도 다다오는 80대에 이른 지금까지도 자신의 건축 세계는 미완성이라고 말한다. 자신은 완전에 이를 때까지 끊임없이 도전하고 있다고 강조한다. 2023년에 강원도 원주의 뮤지엄 산에서 열렸던 '안도 다다오-청춘전' 전시회 개막에 앞서 가진 기자 간담회에서 안도 다다오는 이렇게 말했다. "저는 희망을 유지하기 위해 하루에 만 보씩 걷고, 한 끼 식사를 30분에 걸쳐서 합니다. 매일 책을 읽고 하루에 한두 시간씩은 반드시 공부하죠. 아, 그리고 저의 '푸른 사과'를 매일 만집니다. 청춘을 유지하며 살려면 새로움을 추구하는 이런 노력이 꼭 필요합니다. 우리는 100세까지 사는 시대에 살고 있습니다. 그때까지 살려면 지적 체력도 필요하고 신체적 체력도 필요하고, 무엇보다 희망이 늘 있어야 합니다."

'안도 다다오-청춘전' 전시장 입구에는 커다란 풋사과가 있다. 풋사과는 끊임없이 성장하고자 하는 안도 다다오의 젊음을 상징한다. 풋풋한 상태의 풋사과는 미완성이지만 완전성을 향해 나아가는 청춘을 의미한다. 여물지 않은 사과는 성장이 끝나지 않았다. 불완전하고 완벽하지 않다. 바로 그렇기에 아름답다. 이처럼 자신을 미완성의 존재로 생각하고, 끊임없이 배움을 추구하는 사람은 아름답다.

새로운 것을 배우면, 뇌는 계속 성장할 수 있다고 한다. 뇌 가소성 이론이 이를 뒷받침한다. 뇌는 찰흙과 같아서 빚는 대로 모양이 바뀐다는 것이다. 즉, 뇌는 쓰면 쓸수록 기능이 활성화된다. 새로운 것을 배우는 행위는 잠자는 뇌를 깨운다. 배움을 계속하는 사람의 뇌는 늙지 않는다. 그러니 나이가 들어서도 계속 젊음을 유지하기 위해서는 배우기를 멈추지 말아야 한다.

배움을 지속해 나가기 위해서는 겸손이 필요하다.

미국의 소설가 마크 트웨인은 이렇게 말했다. "곤경에 빠지는 것은 뭔가를 몰라서가 아니다. 뭔가를 확실히 안다는 착각 때문이다." 충분히 안다 생각하고 아무것도 배우려 하지 않는 꽉 막힌 사람이 되는 것을 경계해야만 한다. 아직 내가 모르는 것이 많다고 하는 겸손한 마음을 가지는 것이 배움에서는 무엇보다 중요하다.

사람이 계속 성장해 나가기 위해서는 내가 아는 것들과 친해지기보다 모르는 것들과 친해지는 것이 백배 낫다. 아는 것은 유한하지만 모르는 것은 끝없이 나오기 때문이다. 관심 분야의 책 한 권 읽었다고 모든 것을 다 알 수는 없다. 특정한 국가에 며칠, 길게는 몇 년 다녀왔다고 해서 그 나라를 다 알 수는 없다. 그러므로 겸손한 마음으로 모르는 것들과 친해지기 위한 배움의 자세를 항상 지녀야 한다.

나는 아이에게 어떤 성취를 이루었다고 해서 그것으로 끝난 것이 아니므로, 항상 겸손한 마음을 가져야 한다고 당부했다. 서울대에 입학했을 때도 이제 다시 시작하는 위치에 서 있는 초보자의 마음을 가져야 한다고 조언했다. 대학 입학은 어쩌면 기나긴 인생의 출발점에 서 있는 것과 같다. 그러니 초보자의 마음을 가지고 열심히 배워 나가야만 한다고 했다.

내가 아이에게 항상 당부하는 것 중 하나는, 다른 사람을 만났을 때 항상 겸손한 자세를 가지라는 것이다. 겸손한 자세로 사람들의 말을 듣다 보면, 분명 배울 점이 있다. 사람들 앞에서 잘난 척하는 것만큼 어리석은 일은 없다. 자기 성찰, 자기 반성을 하는 사람은 자신이 모르고 부족한 것이 많다는 사실을 인정하고 겸손할 수 있다.

미국의 철학자 랄프 월도 에머슨은 이렇게 말했다. "내가 만나는 사람은 어떤 면에서는 모두 나보다 나은 사람들이다. 내가 그들에게서 배울 것이 있다는 점에서 그렇다." 주변 사람들을 만날 때, 겸손한 마음으로 그들의 장점을 알려고 노력해야 한다. 타인과 대화할 때, 항상 배운다는 자세를 갖는 것이 중요하다. 그럴 때 나는 타인의 관점과 지식을 배울 수 있고, 타인으로부터 신뢰와 호감을 얻을 수 있을 것이다.

배움은 사람이 살아가는 동안 평생 지속해야 할 중요한 덕목이다. 배움을 지속하는 사람은 성장할 수 있고, 배움을 지속하는 사람은 평생 젊음을 유지할 수 있다. 세상은 계속 변하고 있다. 변화하는 세상에 적응하기 위해서는 항상 새로운 것에 대한 호기심을 가지고 배워 나가야만 한다. 그렇기 때문에 부모는 아이가 배움을 사랑하고, 스스로 배우고 생각하도록 가르쳐야만 한다.

아이가 배움을 지속하려면, 무엇보다 배움에서 기쁨을 느껴야 한다. 그래서 부모는 아이가 배움을 사랑하고, 그 안에서 즐거움과 호기심을 느낄 수 있도록 도와주어야 한다. 이를 위해서는 부모 자신이 먼저 배우는 기쁨을 알고, 그것을 즐기는 사람이 되어야 한다. 훌륭한 부모란 아이와 함께 배움을 계속해 나가는 사람이다. 아이와 함께 배우며, 배움이 흥미롭고 즐거운 일이라는 사실을 자연스럽게 느끼게 해 주는 것. 그것이 부모가 해 줄 수 있는 가장 큰 교육이다.

● 뉴스

새로운 것에 대한 인식 넓히기

우리가 타인들의 특징을 파악해 볼 수 있는
두 번째 수단은 당연히 뉴스다.
뉴스야말로 직접 만날 수 있는 것보다
훨씬 더 넓은 범위의 사람들을 소개해 주고,
그들에 얽힌 이야기와 그에 대한 평가를 통해
우리가 사는 나라가 어떤 곳인지
그 개념을 마음속에 차츰 형성시켜 준다.

- 알랭 드 보통, 『뉴스의 시대』 중에서

아이는 뉴스를 통해서
더 넓은 세상을 만날 필요가 있다.

프랑스 출신 철학자이자 작가인 알랭 드 보통은 그의 책 『뉴스의 시대』에서 이렇게 말한다. '우리는 이제 더 이상 자신이 속한 공동체에 대한 인상을 직접적인 경험만으로는 파악하기 어렵게 되었다. 그 결과 우리는 실제보다는 상상 속에서 공동체를 구성해 가는 처지에 놓이게 되었다. 그리고 그 상상은 주로 두 가지를 통해 형성된다. 하나는 건축, 다른 하나는 뉴스다.' 알랭 드 보통은 이 두 요소가 우리가 살아가는 세계에 대한 이미지를 구성하는 데 깊이 관여하고 있다고 강조한다.

건축의 외관, 즉 한 나라의 거리, 주택, 사무 공간, 공원 등을 통해 그것들을 설계하고 거기에서 살아가는 사람들의 정신적 초상이 드러난다. 예컨대 한국의 일률적인 아파트를 보면서, 그곳 사람들이 어떤 생각을 하고 살고 있는지를 짐작한다. 그리고 뉴스는 우리가 직접 만나볼 수 없는 많은 사람들을 알게 하고, 그들에 얽힌 이야기를 통해 우리가 사는 세계가 어떤지를 짐작하게 한다. 뉴스를 통해 제공되는 세계에 대한 소식들이 세계 그 자체는 아니지만, 간접적으로 세계에 대한 인식을 구성하는 데 영향을 미친다.

뉴스(news)는 north(북), east(동), west(서), south(남) 등 동

서남북 전 방향에 걸쳐 세계 모든 곳에서 일어나는 일을 전해 주는 것이라고 해서, 각 방향의 첫 글자를 따 'news'라고 이름을 지었다는 속설이 있다. 또 '새로운 것들(new things)'이라는 것에서 유래되었다는 이야기도 있다. 어쨌든 뉴스는 전 세계 모든 곳에서 일어나는 새로운 소식들을 모아서 전달해 주는 역할을 한다.

아이를 키우는 아빠로서 나는 아이에게 보다 넓고 다양한 새로운 세계를 보여줘야 한다는 의무감을 가지고 있었다. 그래서 아이와 같이 여행을 많이 다녔다. 여행을 통해서, 일상적으로 접하는 세계를 넘어선, 보다 넓고 새로운 세계의 모습을 보여주고자 했다. 그리고 뉴스를 통해서 더 넓은 세상을 만나는 것도 필요하다고 생각했다. 더 넓은 세상을 만났을 때, 아이가 더 넓고 큰 꿈을 꿀 수 있겠다고 생각했기 때문이다.

아이가 어렸을 때부터 늘 함께 뉴스를 봤다. 우리 집에는 아침마다 종이신문 2개가 배달되어 온다. 우리 아이는 종이신문을 잘 읽지는 않았지만, 내가 읽고 난 후 아이에게 필요한 부분이 있으면 볼 수 있도록 했다. 될 수 있으면 제목 정도는 보도록 했다. 그리고 가족이 함께 TV를 볼 수 있는 시간이 생기면, 어김없이 뉴스를 같이 시청했다. 물론 다른 재미있는 TV 프로그램도 봤지만, 주요 뉴스 시간대에는 뉴스를 보려고 했다.

우리 아이는 신문과 TV의 뉴스를 보면서, 뉴스에 나오는 정치, 경제, 사회, 문화 등의 주요 이슈에 관심을 가지게 되었다. 특히 외국에서 벌어지는 여러 사건에 대한 뉴스를 보면서, 한국과 다른 모습에 흥미를 보이곤 했다. 그러면서 세상을 살아가는 사람들의 모습은 그 숫자만큼이나 다양하다는 사실도 이해하는 것 같았다. 이러한 이해는 공감 능력을 향상시키는 데도 도움이 되었다.

아이가 초등학교 4학년이었을 때, 홍콩에서 시민들의 저항 시위가 일어나고 있다는 뉴스가 보도되었다. 뉴스에서는 이 시위를 '우산혁명(Umbrella Revolution)'이라고 했다. 아이는 내게 홍콩 시민들의 시위를 왜 우산혁명이라고 하는지 물었다. 그래서 나는 신문의 해설기사를 보면서 설명했다. 중국 정부와 홍콩의 관계, 시민들이 시위 기간 경찰의 최루탄 진압에 맞서 우산을 방패 도구로 삼으면서, 우산이 저항의 상징이 되었다고 이야기해 주었다. 그리고 여기에서 '우산혁명'이라는 이름이 붙었다고 했다. 아이는 그때 이후로 홍콩에 관심을 가지게 되었고, 대학생이 된 이후 친구와 함께하는 첫 해외여행지로 홍콩을 선택했다.

부자들은 아무리 바빠도
신문 읽기와 독서를 게을리하지 않는다.

2024년 4월에 하나은행 하나금융경영연구소에서 「2024년 대한민국 웰스리포트」 보고서를 발표했다. 보고서에는 금융자산 10억 원 이상 보유한 부자들의 생활 습관에 대해 분석한 내용이 있었다. 하나금융경영연구소는 "부자들은 아무리 바빠도 신문 읽기와 독서를 게을리하지 않는다"라며 "자산 규모가 커질수록 신문이나 뉴스를 많이 보는 것도 특징"이라고 분석했다.

부자들이 신문 읽기와 독서를 게을리하지 않는다는 것은, 그것이 가진 장점이 있기 때문일 것이다. 신문이나 방송 뉴스를 많이 보면 개인의 경험과 환경의 한계를 넘어 세상을 폭넓게 볼 수 있도록 돕는다. 신문 안에는 세상의 흥망성쇠가 고스란히 담겨 있다. 얼마 전까지 주가가 높았던 기업이 갑자기 실적 부진에 빠졌다는 기사와, 반대로 주가가 낮았던 기업이 새로운 개발을 통해 반등했다는 기사가 함께 실린다. 이러한 변화는 비단 기업에만 국한되지 않는다. 국가와 개인의 부침 역시 뉴스를 통해 생생하게 드러난다.

뉴스를 통해서 내 관심과 기분에 상관없이 세상은 바쁘게 움직이고 있음을 볼 수 있다. 또한 새로운 변화의 트렌드를 읽는 법을 배우고, 수많은 정치·사회적 사건들의 연관성도 이해할 수 있게 된다. 뉴스는 사회적 공감 능력 또한 높여 준다. 그래서 낯선 문화나 생활 방식에도 보다 관대하게 반응할 수 있는 마음의 여유가 생긴다. 늘 세상의 새로움과 다양성에 관심을 가지고, 그것을 알고 이해하고자 노력하는 사람이 부자가 될 가능성이 크다는 것을 알 수 있다.

아이가 더 큰 꿈을 꾸고, 좋은 전망을 가지도록 하고 싶다면, 새로운 것에 대한 호기심을 가지게 하는 것이 좋다. 전 세계 모든 곳에서 일어나는 새로운 소식을 담은 뉴스를 보게 되면, 새롭고 낯선 것에 대한 호기심도 높아질 것이다. 이를 통해 자신의 개인적 한계를 넘어서는 원대한 꿈을 꿀 수 있을 것이다. 그에 따라 아이의 전망도 좋아질 것이다. 아이에게 뉴스를 보여주고, 뉴스에 관심을 갖도록 도와주자.

아이의 행복한 미래를 위해
부모가 해야 할 것들

5장

자유

아이 스스로
자기 일을 할 수 있는 자유

자연이 사물에 의존하듯,
그렇게 아이를 키워라 [...]
부족한 부분이 무엇인지 스스로 깨닫고
도움을 요청할 때만 그것을 보충해 줘라.
그 모든 지원은 아이의 자유를
신장하기 위한 조치들일 뿐이다.
그러므로 아이에게 있어 타인의 도움은 수치이다.
아이가 그것을 깨닫고 하루빨리 자립할 수 있도록,
그러한 열망을 갖도록 하라.

- 장 자크 루소, 『에밀』 중에서

아이가 무언가를 할 때는
스스로 할 수 있도록 내버려둬야 한다.

『에밀』은 1762년에 출간된 소설 형식의 교육서다. 이 책에서 루소는 잘 사는 삶, 혹은 행복하게 사는 삶을 자연적 삶에 비추어 설명한다. 자연 친화적일수록 그 삶은 행복하지만, 자연으로부터 멀어질수록 그 삶은 불행하다. 루소가 생각하는 자연적 삶은 거짓과 허위의 가면을 벗어던지고, 자신의 진정성을 거리낌 없이 보여줄 수 있는 삶이다. 그런데 루소는 동시대 사람들은 자연으로부터 멀어진 삶을 살고 있어, 새롭게 자라나는 아이들을 교육하여 바로잡아야 한다고 생각했다.

루소가 생각하는 교육의 큰 방향은 '내버려둬(let it be)' 교육이다. 아이들이 자유롭게 무언가를 할 수 있게 내버려두라는 것이다. 세상의 틀에 맞추어서 아이를 키울 필요가 없고, 아이가 실수하고 제대로 못 하더라도 못 본 척하라는 것이다. 아이가 도움을 요청할 때는 부모가 도움을 줄 수 있지만, 먼저 나서서 부모가 아이의 일을 도와주고 간섭해서는 안 된다는 것이다. 루소에 따르면, 부모가 아이를 과잉보호하는 것은 아이를 노예로 만드는 일이다. 부모가 친절과 호의로 아이의 일을 대신했을 때, 아이는 혼자 힘으로 아무것도 할 수 없는 주인이 된다. 이러한 주인은 노예가 없으면 아무것도 못 하는 노예의 노예가 된다.

철학자 헤겔은 이러한 상황을 『주인과 노예의 변증법』에서 설명한다. 주인과 노예가 정해지면 노예는 자신을 살려 준 대가로 주인에게 봉사한다. 시간이 지나면 주인은 세계와 바로 대면하지 못하고 물질 전반에 대해 노예에게 의존한다. 이 관계가 지속되면 마침내 노예를 통해서만 세계와 대면할 수 있는 주인은 사실상 '노예의 노예'가 되고, 노동을 통해서 세계와 지속적으로 대면했던 노예는 자아를 구성하며 사실상 '주인의 주인'이 된다는 것이다.

예컨대 사과농장을 운영하는 주인이 노예에게 사과 농사를 다 맡기고, 자기는 사과밭에 가보지도 않고 아무것도 안 하는 경우가 있다. 그러면 주인은 자기 사과밭에 사과가 몇 개 달렸는지, 몇 개가 팔렸는지를 스스로 알 수 없다. 오로지 노예의 보고에 의존해야 한다. 그렇다면 관계가 역전된 것이 아닌가. 노예에게 의존해야 하는 주인은 '노예의 노예'가 되고, 주인을 조종할 수 있는 노예는 '주인의 주인'이 되는 것이다.

부모와 아이의 사이에서도 비슷한 상황이 나타날 수 있다. 부모가 아이를 떠받들어 모시고, 과잉보호하면, 아이는 가정에서 주인이 된 것처럼 보인다. 아이가 힘들어할까 봐, 부모가 아이의 일을 대신 해 주게 되면 아이는 그 순간 편안해 보이고 행복해 보인다. 그러나 아이는 실제 세계와 대면할 기회를 상실하고, 자아를 잃은 노예의 삶을 살게 된다.

우리 아이가 어렸을 때를 생각해 보면, 아이는 매사가 서툴렀던 것 같다. 그럴 수밖에 없다. 아이들은 태어나서 처음 해 보는 일들이 대부분이니, 능숙하게 잘하기가 쉽지 않다. 당연하다. 서툴다고 해서 부모가 그 일을 대신해서는 안 된다. 내버려두고 기다리는 인내가 필요하다. 아이가 스스로 능숙해질 때까지 기다리면, 아이는 어느 순간 많은 것을 해내고 있을 것이다.

꽃들이 피는 시기가 다르듯,
아이들도 새로운 걸 익히는 속도가 다르다.

'다른 아이는 잘하는데 우리 아이는 왜 이럴까?' 하고 비교하며 답답해하는 부모가 있다. 아이가 새로운 것을 익히는 속도가 조금 느릴 때 이런 경우가 나타난다. 그럴 때 아이의 일에 간섭하면서, 서툰 부분을 고쳐 주려고 한다. 하지만 이는 자칫 잘못하면 아이를 망치는 길이 된다. 자연 속에 있는 수많은 꽃들이 다 같은 시기에 피어나지 않듯, 아이들도 저마다 새로운 걸 익히는 속도가 다르다. 가만히 지켜보고 격려만 해 주면 아이들은 스스로 해결 능력을 키운다.

우리 아이는 어릴 적에 몸으로 하는 것을 배우는 속도가 매우 느렸다. 숟가락질, 젓가락질을 괜찮게 하는 데 꽤 오랜 시간이 걸

렸고, 기저귀를 떼는 것도 또래 아이들보다 많이 늦은 편이었다. 그럴 때마다 아내와 나는 아이를 기다려 주었다. 스스로 잘할 수 있도록 서툰 몸짓을 두고 보았다. 다른 아이보다 조금 늦었지만, 기다려주다 보면 스스로 방법을 깨치고 잘하게 되었다. 그 이후로도 많은 일들을 스스로 결정할 수 있게 항상 기다려 주었고, 아이는 약간 시행착오를 겪기도 했지만, 결국 자기가 할 일들을 잘 해냈다.

어려서의 고통을 면해 주는 것보다,
나이 들어서의 고통을 면해 주는 것이 낫다.

장 자크 루소는 『에밀』에서 이렇게 말했다. "우리 삶의 가치가 살아가는 동안 나날이 증가하는 어떤 것이라면, 어려서의 고통을 면해 주는 일보다 나이 들어서의 고통을 면해 주는 일이 더 낫지 않겠는가?" 어린아이는 무언가를 하는 데 서툴고, 실수하거나 실패할 수도 있다. 그 모습이 안타까워 보여도, 아이가 스스로 그 일을 감당하도록 두는 것이 중요하다. 왜냐하면 그 과정이야말로 인간으로서의 가치를 성장시키는 시간이기 때문이다. 어린 시절의 고통을 통해서 인간은 성장해 나간다.

아이가 사랑스러워서 아이가 힘들어하는 일을 부모가 대신 해 주면, 그 아이는 과연 행복한 것일까? 아니다. 아이가 해야 할 일은 스스로 할 수 있도록 내버려둬야 한다. 아이가 어릴 때 고통을 면하게 되면, 나이 들어서 더 심한 고통을 겪게 될 수 있다. 이것은 결코 아이를 행복하게 하는 것이 아니다. 당장 행복한 것과 미래에 행복한 것 중 무엇을 선택해야 할지 생각해 보아야 할 것이다. 진정으로 사랑한다면, 아이가 힘들어 보여도 스스로 자신의 일을 할 수 있도록 지켜봐야 한다.

아이의 실패나 실수를 안타까워해서 아예 경험의 기회를 차단해서는 안 된다. 부탁하지도 않았는데 돕거나 참견하는 부모가 있으면, 아이는 어느 틈에 의존적인 사람이 될 우려가 있다. 부모는 아이가 스스로 과제를 해 나가도록 하고, 그 결말을 체험할 수 있도록 배려해야 한다. 심리학자인 아들러는 숙제를 하지 않는 아이에게 숙제하라는 훈계는 필요 없다고 말한다. 대신 아이가 숙제를 하지 않았을 때 학교에서 어떤 사회적인 결말을 체험하게 되는지를 직접 겪도록 해야 한다고 했다.

아들러 심리학에서는 부모와 아이 사이에서 과제의 분리가 필요하다고 말한다. 아이의 과제와 부모의 과제를 분리할 수 있어야 아이가 자립해서 자기 스스로 문제를 해결해 나가려 한다는 것이다. 아이가 공부할 때 부모가 간섭하고 참견하면, 아이는 자기 자신을 위해서 공부한다고 생각하지 못하게 된다. 부모를 위해서 공부한다고 생각하게 될 수 있다. 과제 분리가 되지 않았을 때 나타나는 부작용이다. 이렇게 되면 아이는 공부를 하면서 부모의 눈치를 보고, 수동적으로 따라가는 사람이 된다. 아이가 스스로 자신에게 주어진 과제에 맞설 수 있도록 부모가 개입하지 않는 것이 필요하다. 아이에게 자유를 주자. 그것이 자연 친화적인 교육 방식이다.

훈련

아이를 엄하게 가르칠 필요

교육하려는 사람은
아이들을 훈련할 수 있는 용기가 필요합니다.
그런데 훈련은 교육학의 미운 오리 새끼입니다.
동시에 모든 교육의 기초이기도 하지요.
훈련에는 인간이 싫어하는 모든 요소가 들어 있습니다.
복종, 포기, 절제, 인내.
훈련은 쾌락의 원칙이 아닌 성과의 원칙을 따릅니다.
목표에 도달하는 과정에서 제한하고
규제를 두고 심지어 명령하기도 합니다.
좋은 훈련은 타율로 시작해 자율로 끝난다고들 합니다.
훈련의 마지막 열매는 자기훈련(self-discipline)입니다.

- 베른하르트 부엡, 『왜 엄하게 가르치지 않는가』 중에서

아이들의 교육을 위해서는
때로 부모의 엄한 태도가 필요하다.

독일 명문 살렘학교의 교장인 베른하르트 부엡은 그의 책 『왜 엄하게 가르치지 않는가』에서 지금의 교육이 위기를 맞고 있다고 했다. 요즘 아이들은 길러지는 게 아니라 방치되어 있다면서, 미래를 준비하려고 애쓰지 않는다는 점을 지적했다. 즉, 스스로를 단련하거나 노력하지 않고, 꿈을 향해 달리지 않는다는 것이다. 이런 아이들을 제대로 교육하기 위해서는, 교육하려는 사람이 아이들을 훈련할 수 있는 용기가 필요하다고 했다. 목표에 도달하는 과정에서 제한하고 규제를 두고 심지어 명령하기도 하는 훈련의 과정이 필요하다는 것이다.

이런 관점에서 보면, 아이들의 훈련을 위해서 부모의 엄한 태도가 필요하다는 것을 알 수 있다. 훈련을 위해서는 제한과 규제와 명령이 때로 필요하다. 아이를 제대로 가르치지 않고, 아이의 쾌락만을 생각하는 것은 아이를 망치는 행위이다. 지나치게 많은 것을 배려해 주고, 아이의 모든 행동을 다 허용해 주는 것은 아이들을 방치하는 것이라고 할 수 있다.

아이가 어릴 때는 부모가 명확하게 해도 되는 것과 해서는 안 되는 것의 한계선을 그어 주어야 한다. 그리고 그것은 엄격하고 일관성 있게 진행되어야 한다. 좋은 훈련은 타율로 시작해서 자율로 끝난다고 한다. 이후 아이 스스로가 결정할 수 있을 때까지 그 한계선을 강요할 필요가 있다. 자유로운 정신을 기르려면 '자유롭지 않은 상태'를 경험해야 한다.

   훈련을 할 때는 아이에게 하기 싫어도 어쩔 수 없이 해야 하는 것이 있음을 알려 주어야 한다. 또한 하고 싶어도 어쩔 수 없이 하지 말아야 하는 것이 있음을 알려 주어야 한다. 특히 이러한 교육은 아이가 유치원에 들어가기 전에 대부분 이루어져야 한다. 아이를 한없는 사랑으로 대하는 다정한 부모도 아이를 가르칠 때는 강압적 훈육을 할 필요가 있다. 아이들에게 자유가 필요한 만큼 한계도 정해 줘야 하기 때문이다. 자유란 훈련을 통해서 자기 절제가 가능한 사람에게만 주어지는 보상이다.

아이에 대한 훈련은 사랑을 바탕에 두어야만 제대로 열매를 맺을 수 있다.

   베른하르트 부엡은 아이에 대한 훈련은 사랑을 바탕에 두어야만 제대로 열매를 맺을 수 있다고 했다. 아이를 엄하게 키우고, 엄격하게 지시하는 데는 사랑이 전제되어야만 한다. 부모의 이기심이 배제된 엄한 훈련은 아이가 먼저 알아챈다. 엄하게 교육한다는 것은, 사랑하는 마음으로 아이들의 삶에 적극적으로 개입하고,

혼자서 설 수 있도록 준비시키는 과정이다. 그렇게 일관성 있는 좋은 교육을 받고 자란 아이들은 절제와 끈기, 배려를 배워 목표를 끝까지 성취해 낼 줄 안다. 자신과 다른 이들을 사랑할 수 있는 성숙한 어른으로 자랄 수 있다.

부모 교육 전문가들이 말하는 최고의 양육 스타일은 '따뜻하지만 단호한 부모'라고 알려져 있다. 상반되는 두 가지가 공존하는 것이다. 이는 엄한 훈련에 아이에 대한 사랑이 바탕이 되어야 한다는 이야기와 유사하다. 아이를 대할 때 따뜻해야 하는 부분과 단호해야 하는 부분을 구분할 수 있어야 한다. 아이의 성숙함, 발달을 요구하는 사항에서는 단호해야 한다. 그리고 아이의 감정적인 요구에 관해서는 따뜻하게 아이의 감정에 공감하는 부모가 되어야 한다.

부모로서 아이를 잘 키우고 싶다면
인내의 시간을 각오해야 한다.

아이를 키우면서 집에서 지켜야 할 몇 가지 기본 규칙을 정했다. 식사 시간을 지켜서 가족과 함께 식사하기, 식사 예절 지키기, 어른의 말을 귀담아듣기, 자기 전에 양치하기, 정해진 시간에 잠자리에 들기 등이다. 이 규칙들은 예외 없이 지키도록 했지만, 그

중에서도 유독 아이가 잘 따르지 않았던 것은 식사 시간에 함께 밥을 먹는 것이었다. 아이가 밥을 먹을 수 있게 되었을 때, 아이는 식사 시간에 밥을 먹지 않고 딴짓을 하려고 한 적이 많았다.

이 습관을 고치기 위해 먼저 아내와 의논했다. 둘 중 한 사람이 '악역'을 맡아 단호하게 훈육하고, 다른 한 사람은 아이 편을 들지 않는 방식으로 역할을 나누기로 했다. 결국 내가 악역을 맡기로 했고, 아내는 그 입장을 존중했다. 아이에 대한 올바른 훈육은 부모의 생각이 일치해야 효과적으로 진행될 수 있다.

나는 아이가 식사 시간에 밥을 먹지 않으면 큰 소리로 야단도 치고, 식탁에서 벗어나지 못하도록 물리적 힘을 행사하기도 했다. 아이는 밥을 먹지 않기로 작정했는지 발버둥을 쳤지만, 내 힘을 당해 낼 수는 없었다. 아이는 서럽게 눈물을 흘렸다. 그래도 아이가 밥을 먹을 때까지 끈기 있게 버텼다. 아내는 아이와 내가 실랑이를 벌이는 동안 지켜만 보았다. 아이가 도움의 눈빛을 보냈지만, 아내는 이를 외면했다. 나는 아이가 밥을 먹을 때까지 계속 힘을 주었다. 한참의 시간이 지나자, 아이는 포기하고 순순히 식탁에서 밥을 먹었다. 그 후로 아이는 식사 시간이 되면 식탁에서 함께 밥을 먹었다. 끈기 있는 부모가 아이를 이길 수 있다.

아이와 실랑이를 벌이거나 언성을 높여 '안 돼'라고 말하는 일을 나는 좋아하지 않는다. 나의 강압적인 태도로 인해 아이가 눈물을 흘리는 모습을 보는 것도 마음이 아프다. 감정적으로도 쉽지 않은 일이다. 하지만 아이가 올바른 행동을 배울 수 있도록 가르치는 것은 부모의 의무이기에, 때로는 그런 상황을 감내할 수밖에 없다.

힘든 시간 끝에 아이의 식사 습관을 교정하고 나자, 이후 다른 행동들을 바로잡는 일은 훨씬 쉬워졌다. 내가 '안 돼'라고 말하면, 아이는 그 말 뒤에 어떤 일이 벌어질지 이미 알고 있었다. 아빠는 쉽게 포기하지 않을 것이라는 사실을 아이가 이해하게 된 것이다. 그 이후로는 양치질을 할 때도, 잠자리에 들 때도 정해진 규칙을 자연스럽게 지키는 아이가 되었다.

집 안에서 힘겹게 아이의 행동을 교정하려고 애쓴 것은, 결국 아이가 집 밖에서 다른 사람들에게도 인정받고 사랑받는 사람으로 자라나기를 바랐기 때문이다. 예를 들어, 아이가 주의를 끌기 위해 떼를 쓰거나, 식사 시간에 고함을 지르며 집 안을 뛰어다니는 행동은 집 안에서는 부모이기에 어느 정도는 받아줄 수 있다. 하지만 집 밖에서는 이야기가 달라진다. 그런 행동을 보는 다른 어른들은 눈살을 찌푸리고, 아이를 좋게 보지 않을 것이다. 그래서 집 안에서 감정을 다잡고 훈육의 과정을 견뎌야 한다. 부모가 인내심을 가지고 아이를 바르게 이끌어 줄 수 있다면, 아이는 집 밖에서도 많은 사람에게 사랑받는 존재로 자랄 수 있다. 그것이 진정으로 아이를 위하는 길이다.

아이를 엄하게 교육하다 보면, 어느 순간 아이의 행동이 타율에서 자율로 넘어가는 순간을 맞이하게 된다. 그때부터는 아이 스스로 올바른 행동을 선택하기 시작한다. 하지만 그 순간에 도달하기까지는 시간과 인내가 필요하다. 부모로서 아이를 잘 키우고자 한다면, 수많은 기다림의 시간을 기꺼이 감내할 각오가 필요하다. 이런 각오 없이 아이를 키우는 것은, 아이에게 가혹한 일이 될 수 있다.

엄한 훈련의 과정은 석탄에 열과 압력을 가해 다이아몬드로 변하는 과정이다.

우리 아이가 초등학생이 된 이후에는 아이와 함께 지켜야 할 몇 가지 규칙을 더 정했다. 하나는 시간을 잘 지켜야 한다는 것이었고, 또 하나는 아이가 동의해서 하기로 한 일은 무조건 1년 이상 한다는 것이었다. 이러한 규칙들은 아이가 학교에서 잘 적응하고, 학생으로서 무언가를 배우기 위해 꼭 필요한 규칙이라고 생각했기 때문에 정한 것이었다.

학원에 보낼 때는 아이와 상의를 했다. 미래의 목표를 위해서 학원에 다닐 필요가 있겠다는 설명을 하고, 아이가 동의하면 보냈다. 초등학교 3학년 때 보낸 학원은 오랜 시간 동안 아이들을 붙잡아놓고 공부를 시키는 곳이었다. 주말에는 오전 10시에 가면 오후 10시에 마쳤다. 그 학원은 아이들을 엄하게 훈련하는 데 중점을 두고 있어서 강압적인 분위기였다. 화장실도 마음대로 가지 못할 정도로.

그 학원에 다닌 지 한 달이 채 지나지 않았을 때, 아이는 힘들어서 못 다니겠다고 했다. 그러나 이는 받아들일 수 없었다. 아이가 동의해서 갔던 곳이고, 아이의 미래를 위해서는 엄한 훈련을 견뎌 낼 필요가 있다고 생각했기 때문이다. 함께 정한 규칙대로 1년은 무조건 다녀야 한다고 했고, 그 후에도 못 다니겠으면 그때 그만두자고 했다. 그렇게 해서 아이는 하는 수 없이 계속 다니게 되었는데, 두 달이 지난 후에는 힘들다는 말을 더 이상 하지 않게 되었다. 오히려 학원에서 공부하는 시간을 재미있어 했다. 그러고는 그 학원을 3년 동안 다녔다. 이때 익힌 공부 습관은 이후로 아이에게 많은 도움이 되었다.

시커먼 석탄이 영롱한 빛을 머금은 다이아몬드로 변하기 위해서는 열과 압력이 있어야 한다. 엄한 훈련의 과정은 석탄에 열과 압력을 가하는 것과 같다. 이 열과 압력의 목표는 미숙한 아이를 사회 속에서 훌륭하게 살아갈 수 있는 성숙한 인격체로 성장시키는 것이다. 처음부터 스스로 모든 것을 잘하는 아이는 없다. 부모는 일관성 있고 엄격한 훈련을 통해 아이들이 스스로 올바른 결정을 내리고 성숙한 사고를 할 수 있도록 도와야 한다. 그래서 때로 엄한 훈련이 필요하다.

부모로서 아이를 잘 키우고자 한다면
수많은 기다림의 시간을
기꺼이 감내할 각오가 필요하다

강점

아이를 움직이는 힘

"사람은 누구나
강점과 약점을 모두 가지고 있죠.
이 중 강점을 극대화하면
그 외의 것들은 신경 쓸 필요가 없어요."

- 오드리 헵번

아이의 강점을 찾아내
칭찬하고 격려해 주어야 한다.

영화배우 오드리 헵번이 주연을 맡은 영화《마이 페어 레이디》(1964)는 총 8개 부문에서 아카데미상을 받은 뮤지컬 영화다. 이는 영국 극작가 버나드 쇼가 1913년에 발표한 희곡《피그말리온》을 원작으로 한 작품이다. 영화에서 오드리 헵번은 주인공 일라이자 역을 맡았다.

희곡《피그말리온》은 언어학자 히긴스와 그의 친구 피커링 대령이 사투리가 매우 심한 꽃 파는 여인 일라이자를 두고 내기를 하면서 시작된다. 히긴스는 일라이자의 발음을 공작부인의 수준으로 바꿀 수 있다고 주장하고, 피커링 대령은 불가능하다고 맞선다. 히긴스는 6개월 안에 일라이자를 상류층 사교계의 여왕으로 만들어 보이겠다고 선언한다. 6개월 뒤, 히긴스와 피커링은 그 결과를 시험할 대사관 파티에 일라이자를 데려간다. 그 자리에서 일라이자는 완벽하게 자신의 역할을 해내며 상류층의 눈을 속이는 데 성공한다.

버나드 쇼의 희곡《피그말리온》은 그리스의 피그말리온 신화에서 모티프를 얻어 탄생한 작품이다. 그리스 신화에서 피그말리온은 여자를 싫어하고 독신을 고집하는 조각가다. 그는 자신이 조각한 완벽한 여인의 조각상과 사랑에 빠져, 미의 여신 아프로디테에게 이 조각상에 생명을 달라고 기도한다. 아프로디테는 피그말리온을 가엽게 여겨 조각상에 생명을 불어넣고 갈라테이아라는 이름을 붙여 준다. 이후 피그말리온은 갈라테이아와 결혼한다.

이 신화에서 심리학에서 말하는 '피그말리온 효과'가 나온 것이다. 피그말리온이 혼이 없는 조각상에 생명을 불러일으켰듯이, 우리가 무언가를 간절히 기대하면 그 기대는 반드시 현실로 이루어진다는 것이다. 피그말리온 효과를 증명하기 위한 실험들이 많이 진행되었고, 대체로 그 효과를 입증하는 결과들이 나왔다. 학생을 대상으로 한 실험에서는 칭찬과 격려를 많이 받은 학생들이 지적 능력이 높고 학업 성취의 향상 가능성이 높다는 결과가 나타났다. 즉, 긍정적인 기대가 긍정적인 결과를 가져옴이 입증되었다.

피그말리온 효과에서 보이는 것처럼, 아이에게는 칭찬이 필요하다. 아이에게 자주 칭찬과 격려의 말을 할 경우, 아이의 능력은 눈에 띄게 향상될 수 있다. 아이에게 칭찬을 하기 위해서는 부모가 아이의 강점을 찾아내기 위해 노력해야 한다. 부정적인 면을 지적하기보다는 강점을 키워 나가고, 긍정적인 면을 찾아내 칭찬하는 교육이 필요하다. 부모는 아이의 강점이 무엇인지 잘 살펴보고, 그것을 잘 발휘할 수 있도록 도와야 한다. 사람은 대체로 자신의 강점이 이끄는 대로 행동하고 선택하는 경향이 있다. 부모가 아이의 강점을 칭찬하면 아이는 실패하더라도 자신의 강점이 이끄는 방향으로 계속 도전할 수 있는 용기와 힘을 갖게 된다.

아이에게 신뢰와 칭찬의 말을 해 주었을 때 회복탄력성이 생긴다.

인간의 뇌는 옳은 것보다는 틀린 것에 더 빨리 반응하도록 설계되어 있다고 한다. 이로 인해 부모 역시 아이의 강점보다는 약점에 더 민감하게 반응하기가 쉽다. 특히 요즘 부모들은 소셜미디어를 통한 비교에 익숙해져 있어서, 아이의 부정적인 면을 자주 지적하고 고치기를 강요하곤 한다. 하지만 이런 태도는 아이의 자존감을 떨어뜨릴 수 있다. 작은 실패에도 좌절감을 느끼고, 더 이상의 도전을 시도하지 않게 되는 것이다.

그래서 부모는 자신의 뇌가 무엇에 더 먼저 반응하는지를 자각할 필요가 있다. 아이의 약점을 찾아내 지적하려는 본능적 반응 대신, 의식적으로 아이의 강점을 찾고, 그것에 주목하는 노력이 필요하다. 부모가 아이의 강점을 신뢰하고, 따뜻한 칭찬의 말을 건넸을 때 아이는 '회복탄력성(resilience)'을 기르게 된다.

2024년 한국 프로야구에서 우승한 KIA타이거즈의 이범호 감독은 신인 감독이었지만, "실수해도 선수들을 믿자"는 자기 철학을 밀어붙였다고 한다. 이범호 감독은 다른 지도자들이 '실책을 줄여야 한다'고 한 것을 선수 입장에서 되짚어 보았다고 한다. 그래서 실수를 지적하고 꾸짖는 것보다 선수를 믿어 주는 것이 더 낫다는 생각을 하게 되었다. 예컨대, 호수비를 하려다 실책한 것을 꾸짖으면 야수는 더 좋은 수비를 시도하지 않게 된다. 감독이 선수를 믿어 주면 선수는 새로운 시도와 도전을 통해 더욱 성장해 나가고, 그런 선수들이 있는 팀은 자연스레 강팀이 되는 것이다.

우리 아이는 자라면서 여러 번 좌절의 경험을 겪었다. 그럴 때마다 아내와 나는 아이의 좌절을 다독이기 위해서 노력했다. 그때 아이가 그런 경험을 겪게 된 원인을 분석하고 성찰해 보기는 했지만, 아이의 약점을 지적하는 행위는 자제했다. 잘못된 것을 지적하는 일은 전문가에게 맡겼었다. 면접에 자꾸 떨어질 때는 스피치 전문가에게 분석을 의뢰했다. 부모로서 나는 아이의 감정에 공감하고, 아이의 강점을 찾아보려고 했다. 우리 아이는 끈기가 대단하고, 겉으로는 순해 보이지만 내면에는 강렬한 경쟁심을 품은 아이였다. 그래서 나는 아이가 면접 준비를 할 때, 그런 강점을 살려 남들보다 더 많은 시간을 투자해서 면접을 준비하자고 했다. 나는 항상 아이의 강점을 찾아내어 충분히 칭찬하고, 누구보다 훌륭한 사람이 될 수 있다고 말했다. 아이는 부모의 기대만큼 훌륭히 잘 자라 주었다.

사람들은 약한 분야보다 강한 분야에서 더욱 강력한 잠재력을 발휘한다.

사람은 누구나 약한 분야보다 강한 분야에서 더 큰 잠재력을 발휘할 수 있다. 그런데도 부모가 아이의 약점에 초점을 맞추게 되면, 오히려 아이의 성과는 줄어들고 자신감도 떨어질 수 있다. 반면, 아이의 강점에 집중할 때는 그 반대의 일이 일어난다. 성과는 높아지고, 아이는 자신이 진정 잘하는 것에 에너지를 쏟을 수 있게 된다. 특히 강점이 스포트라이트를 받을 때, 아이는 '어떻게 보여야 할까' 하는 타인의 시선에서 벗어나, 참된 자아에서 비롯되는 힘을 마음껏 펼칠 수 있게 된다.

스포츠 선수들은 대체로 강점을 더욱 돋보이게 했을 때, 특출한 기량을 발휘할 수 있다. 예컨대 프로야구 투수 중 특출한 기량을 발휘한 선수들은 대체로 자신이 잘 던질 수 있는 1~2개의 구종을 더욱 정교하게 갈고 닦았다고 한다. 잘 던지지 못하는 구종을 보완하는 것보다 자신의 강점에 집중하는 것이 더 나았다. 약점을 보완하는 데 노력을 많이 기울이면 '평균적'인 선수는 될 수 있지만, 평균을 뛰어넘는 특출한 선수가 되기는 어렵다. 어떤 분야에서 특출한 성과를 거둔 이들은 대부분 자신의 강점을 꾸준히 발전시킨 이들이다.

아이도 마찬가지일 것이다. 부모가 아이의 강점이 무엇인지를 찾아내어서, 강점을 극대화할 수 있도록 돕는다면, 아이는 부모와 스스로의 목표를 잘 실현해 나갈 수 있을 것이다. 그러므로 부모는 아이의 강점을 칭찬하고 격려의 말을 아끼지 말아야 할 것이다.

영화배우 오드리 헵번은 자신의 각진 얼굴, 안 좋은 피부, 당시 인기 여배우들과는 달리 깡마른 체형 때문에 콤플렉스를 느꼈다고 한다. 그러나 오드리 헵번은 자신의 약점보다 강점에만 집중한 결과, 세계적인 배우가 될 수 있었다. 자신의 강점에 집중해서 도전하고 노력하면 꿈은 현실이 된다.

낙화

내리막의 순간을 견뎌내기

봄날에 피는 꽃을 따르지 말고
봄날에 지는 꽃을 따르라

벚꽃을 보라
눈보라처럼 휘날리는 꽃잎에
봄의 슬픔마저 찬란하지 않으냐

- 정호승, 「꽃을 따르라」 중에서

꽃이 피는 날이 있으면 지는 날도 있다는 것을 자연스레 알려 주자.

꽃에 개화(開花)의 날이 있으면, 낙화(落花)의 날이 있다. 초봄에 벚꽃이 찬란하게 피어오르는 날이 있으면, 벚꽃잎이 눈보라처럼 떨어지는 '벚꽃 엔딩'의 날이 있다. 우리의 인생에도 오르막길과 내리막길이 함께 있다. 기쁘고 행복한 순간이 있으면, 슬프고 괴로운 순간도 찾아온다. 오르막길만 생각하면 오만해지기 쉽고, 내리막의 순간을 참아내지 못한다. 지는 꽃을 사랑하고, 지는 꽃을 따랐을 때, 다시금 꽃이 피는 찬란한 순간을 맞이한다. 삶의 힘든 순간들도 겸허히 받아들이는 사람이 아름답다. 그랬을 때 다시 개화의 날을 기대할 수 있다.

아이가 한국과학영재학교에 합격했을 때, 그리고 서울대에 합격했을 때, 너무나 기뻤다. 아이에게는 찬란한 오르막의 순간들이었다. 꽃이 피어나는 개화의 순간이었다. 벚꽃이 피어 있는 시간이 길지 않듯, 기쁨의 순간은 그리 오래 가지 않는다. 최선의 노력을 다해서 원하는 학교에 합격했을 때, 성취감도 느낄 수 있지만, 동시에 불안감이 밀려드는 경우도 있다. 기쁨의 순간은 그리 오래 가지 않고, 다시 힘든 순간이 찾아오고 있음을 알기 때문이다. 좋은 학교일수록 주변에 실력이 뛰어난 친구들이 많고, 경쟁은 더 치열해질 것이다. 여기에서도 이전처럼 잘할 수 있을까 하는 불안감이 밀려든다.

　우리 아이도 한국과학영재학교에 진학해서 1학년 1학기 첫 시험을 치를 때 많이 긴장했다고 한다. 전국에서 모인 우수한 학생들 속에서 잘 해낼 수 있을까 불안감이 들었단다. 더구나 다른 아이들보다 2세나 어렸기에 더욱 긴장했을 것이다. 잘하고 싶다는 마음이 강해서 정말 열심히 공부했다고 한다. 학교 기숙사 안에 있는 독서실에서 항상 제일 늦게까지 남아 있는 건 우리 아이였다. 그런 노력 덕분에 아이는 항상 우수한 성적을 거두었고, 무사히 서울대의 원하는 학과에 진학했다.

　꽃이 피면 꽃이 지는 순간이 온다. 산에 올라가면 반드시 내려와야 한다. 어느 한 곳에 닿았다면 다른 곳을 향해 움직여야 하고, 이 일을 마치고 나면 또 다른 일을 해야 한다. 그래서 과거의 일은 현재가 되면 비워진다. 꽃이 질 때, 꽃이 피는 순간만을 기억하고 그 순간에 머물러 있기를 고집해서는 안 된다. 원하는 학교에 합격했을 때의 기쁜 순간이 지나가면, 또 다른 목적지를 향해서 다시 힘든 순간을 참아내야 한다. 어제의 영광을 내려놓고, 미래를 향해 새로이 걸어가는 것, 이것이 인생이다.

빛나는 과거의 순간에만
머물러 있어서는 안 된다.

누구에게나 빛나는 과거의 순간이 있다. 그러나 그 순간에 머물러 있어서는 안 된다. 우리 아이가 한국과학영재학교에 합격한 후에 다시 마음을 잡고 열심히 공부하게 된 것은 앞으로 더 빛나는 순간이 삶에 남아 있다는 사실을 알았기 때문이다. 서울대학교에 입학한 이후에도 이 사실은 변하지 않았다. 그것을 깨닫지 못하면 현재의 즐거운 순간만을 만끽하고, 훗날 후회하게 된다. 봄날에 지는 꽃을 따라야 하는 것처럼, 빛나는 기쁨의 순간 이후에 찾아오는 불안과 초조의 순간들을 잘 극복해 나가야 더욱 찬란한 꽃이 피는 순간을 맞이할 수 있을 것이다.

아이가 어릴 때, 아이와 함께 집 주변에서 산책을 많이 다녔다. 3월 말에서 4월 초가 되면, 집 주변은 벚꽃으로 가득했다. 그럴 때마다 버스커버스커의 〈벚꽃 엔딩〉을 같이 듣곤 했다. 벚꽃잎이 떨어지는 엔딩의 시간이 지나면, 벚나무는 다시 꽃을 피우기까지 많은 시간을 견뎌야 한다는 사실을 아이에게 늘 이야기했던 듯하다. 비바람도 견뎌야 하고, 추위와 더위도 견뎌야 한다. 꽃이 지는 순리를 겸허히 받아들이고, 그 이후의 많은 시간을 견뎌 냈을 때, 다시 꽃이 피는 순간을 기대할 수 있다고 아이에게 말했다. 인간의 삶도 마찬가지라고.

동화 속의 왕자는 한 번 용을 물리치고 나면 그 이후로 공주와 쭉 행복하게 산다. 그렇게 마무리되는 게 동화 속 이야기다. 그러나 현실은 다르다. 매일 더 거대하고 새로운 용을 마주하게 되고, 싸워야 하는 것이 인생이다. 한 가지 목표를 이루고 나면, 그것으로 끝나지 않는다. 새로운 일은 점점 더 힘들어지고, 어제 증명한 능력은 오늘 맞이하게 된 일에는 맞지 않을 수도 있다. 매일 맞이하는 새롭고 거대한 용을 물리치기 위해서는 새로운 능력을 갖출 용기와 노력이 필요하다.

'시시포스 신화'를 보면 매일 굴러떨어지는 바위를 올려야 하는 사내에 관한 이야기가 나온다. 그 사내는 매일 바위를 정상으로 올려놓지만, 다음 날이면 어김없이 다시 아래로 떨어진다. 그러면 그 사내는 또 힘겹게 바위를 올려놓아야 한다. 시시포스가 매일 바위를 짊어지고 올라가야 하는 것처럼, 살다 보면 새롭게 시작해야 하는 힘든 일들이 줄지어 몰려온다. 아이에게 이 점을 알려 줘야 한다. 살아가는 동안 내내 힘든 일이 계속 닥쳐온다는 사실을…. 그래야 내리막의 순간을 견뎌 낼 수 있다. 인생이라는 긴 시간을 잘 살아내기 위해서는 지는 꽃을 따를 줄 알아야 한다.

목표, 실행 그리고 완료

6장

● 행복

성장을 통한 기쁨 찾기

행복한 가정은 모두 비슷한 이유로 행복하지만,
불행한 가정은 저마다의 이유로 불행하다.

— 톨스토이, 『안나 카레니나』 중에서

진정한 행복을 찾기 위해서는
인간의 성장에 대한 믿음을 가져야 한다.

톨스토이는 1828년에 러시아의 귀족 가정에서 태어났다. 그는 인간의 삶과 죽음, 사랑과 증오, 전쟁과 평화 등 인간 존재의 근본적인 주제를 탐구하며, 이를 통해 인간의 삶의 의미를 찾으려 애썼던 작가이다. 톨스토이는 소설 『안나 카레니나』를 통해 결혼의 다양한 모습을 표현했다. 앞에서 인용한 문장은 『안나 카레니나』의 첫 문장이다.

톨스토이는 『안나 카레니나』를 통해서 결혼은 사랑, 이해, 상호 존중을 통해서 인간의 성장을 가능하게 만든다는 것을 보여주려 했다. 소설의 첫 문장에서 그 생각이 잘 드러난다. 행복한 가정에 속한 사람들은 인간의 성장을 믿기에, 삶에서 부정적인 면이 있어도 극복해 나간다. 그래서 모두 비슷한 이유로 행복하다. 불행한 가정에 속한 사람들은 성장의 가능성을 믿지 않기에, 사소한 부정적인 것에 집착한다. 그래서 제각기 다른 이유로 불행한 것이다.

『안나 카레니나』의 마지막 문장은 다음과 같다. "나의 생활 전체는 나에게 무슨 일이 일어나든 그것과는 상관없이, 매 순간순간이 이전처럼 무의미하지 않을 것이다." 이를 통해 톨스토이는 우리가 성장하려 노력하고 있는 한, 삶이 무의미하지 않다는 것을 말해 준다. 삶의 매 순간순간이 성장을 위한 밑거름이 되고, 의미를 가지게 되는 것이다.

결국 진정한 행복을 얻기 위해서는 인간의 성장에 대한 믿음을 가지고, 끊임없이 노력해 나아가야만 한다. 성장에 대한 믿음이 있으면 삶을 낙관적으로 볼 수 있다. 부정적인 사건이 있어도, 그것을 성장의 밑거름으로 생각하면 행복한 마음을 가질 수 있다.

비관적인 사람들은 시선이 늘 인생의 그늘진 면으로 향하고 있다. 열 가지 일 중 아홉 가지가 좋고 한 가지가 안 좋으면, 그 안 좋은 한 가지 일만 생각한다. 그래서 불행하다고 생각한다. 낙관적인 사람은 열 가지 일 가운데 한 가지 일만 이루더라도 기뻐한다. 그래서 행복하다고 생각한다.

세상일 가운데 쉽사리 이루어지는 것은 많지 않다. 그 사실을 알고 있으면, 열 가지 중 한 가지 일만 이루어져도 행복할 수 있다. 그리고 이루어지지 않은 것들에 계속 도전할 용기를 얻게 된다. 비관적인 사람은 열 가지 일 중 한 가지라도 안 되는 경우를 두려워한다. 그래서 새로운 도전 자체를 하지 않게 된다. 이렇게 되면 사람은 성장할 수 없고, 행복할 수도 없다. 나는 그래서 아이에게 항상 성장의 가능성을 믿는 사람만이 행복할 수 있다고 말해 주었다.

오랜 시간의 노력으로 얻은 행복이
참된 행복이다.

아이가 대학 입시를 치른 후에 하고 싶은 일이 있다고 했다. 기타 연주를 배우는 것이었다. 그래서 전자기타를 사고, 대학 입학 전 한 달 정도 레슨을 받았다. 대학 입학 후에는 레슨을 더 이상 받지 않고 혼자서 연습했다. 아이는 기타를 진심으로 열심히 연습했다고 한다. 그리고 어느 정도 실력이 됐다고 생각했을 때 학교 내 밴드 오디션에 응모했다.

하지만 수차례에 걸쳐 계속 떨어졌다. 공대 밴드, 자신이 소속된 학과의 밴드 오디션에 떨어지고, 다른 학과 밴드 오디션에도 떨어졌다. 그렇지만 실망하지 않고, 계속 연습을 했다. 그러다가 서울대 인문대학의 한 학과 밴드 오디션에 합격했다. 아이는 소속된 밴드가 생겼다는 사실에 행복해했고, 밴드에서 기타 연주하는 걸 좋아했다. 밴드 멤버들과 함께 연습하는 걸 즐거워했다. 군대 가기 전까지 공연도 여러 차례 했고, 그에 따라 기타 실력도 향상됐다. 밴드 공연 준비하고, 관객들 앞에서 공연을 할 때, 아이는 매우 행복해했다.

아이가 기타 연주하는 걸 보면, 행복은 노력 없이 쉽게 얻어지는 게 아니라는 생각이 든다. 여러 번 결과가 좋지 않았음에도 불구하고, 계속 도전하는 마음을 가지는 것이 진짜 행복에 이르는 길이라는 것을 새삼 느꼈다. 노력 없이 쉽게 얻는 즐거움은 그 순간이 끝나고 나면 허무하고 허탈해진다. 그러나 힘든 순간들을 견디면서 얻은 행복의 경험은 허무와 허탈의 감정에서 벗어나게 한다. 오랜 시간의 노력으로 얻은 즐거운 경험들은 오랫동안 행복의 감정을 느끼게 한다.

행복의 목적지는 봉우리가 아니라, 봉우리에 이르는 여정 그 자체이다.

행복의 목적지는 봉우리가 아니라, 봉우리에 이르는 여정 그 자체라는 말이 있다. 행복의 목적지가 봉우리가 되었을 때, 우리는 영원히 행복을 느끼지 못할 수 있다. 하나의 봉우리에 올라갔을 때, 그 옆에는 또 더 높은 봉우리가 존재하고 있기 때문이다. 높은 봉우리에 올라가는 것을 행복의 목적지로 두었을 때, 더 높은 봉우리에 올라가지 못하면 불행하다고 느끼는 것이다.

그러나 봉우리를 향해 가는 여정을 행복의 목적지로 설정해 놓으면, 봉우리를 향해 가는 모든 순간순간이 의미를 가질 수 있다. 봉우리를 향해 가는 동안 힘들고 괴로운 좌절의 순간이 오더라도 불행하다고 생각하지 않을 수 있다. 이를 통해서 내가 성장할 수 있고, 봉우리에 좀 더 가까이 다가갈 수 있는 순간이라고 생각하기 때문이다. 삶의 모든 여정은 봉우리를 향해 가는 과정이다. 그 과정 속에서 자기만의 행복을 찾는 것이 무엇보다 중요할 것이다.

　우리 아이는 지금껏 살면서 몇 개의 작은 봉우리에 올라간 경험이 있다. 밴드 오디션에 합격하고, 서울대와 한국과학영재학교 입시에서 합격했을 때가 그런 순간이다. 앞으로는 더 높은 봉우리를 향해 힘겨운 여정을 떠나야 할 것이다. 그 여정들은 아이에게 아주 고통스러운 순간이 될지도 모른다. 하지만 그 순간들을 자신의 성장에 밑거름이 되는 의미 있는 시간으로 생각한다면, 그 속에서 진정한 행복을 찾을 수 있다고 생각한다.

봉우리를 향해 가는 여정을
행복의 목적지로 설정해 놓으면
봉우리를 향해 가는 모든 순간순간이
의미를 가질 수 있다

● 목표

인생의 길잡이 찾기

그 길이라는 것은 무엇이든
우연히 발견되고 우연히 시작되는 것은 없다.
사람이 무언가 간절히 원하는 것이 있다면
그것은 이루어진다.

- 헤르만 헤세, 『데미안』 중에서

성장하기 위해서는
장기적으로 추구하는 목표가 필요하다.

소설 『데미안』은 독일의 소설가이자 시인인 헤르만 헤세가 1919년에 발표한 작품이다. "새는 알에서 나오려고 투쟁한다. 알은 세계이다. 태어나려는 자는 하나의 세계를 깨뜨려야 한다." 소설 『데미안』 속의 이 문장은 소설을 읽지 않은 사람도 한 번쯤은 들어 봤을 것이다. 『데미안』은 주인공 싱클레어와 친구 데미안의 우정을 바탕으로, 성장 과정에서 겪는 시련과 그 시련의 극복, 깨달음을 통해 완전한 자아에 이르는 과정을 성찰한다. 완전한 자아에 이르기 위해서는 간절하게 원하는 것이 있어야 하고, 간절하게 원하는 것이 있다면 그것은 이루어진다.

사람이 살면서 해야 하는 일 중 하나는 미래의 내 모습을 그려 보는 것이다. 그것은 삶의 목표가 되고, 간절히 원하는 것이 된다. 간절히 원하는 것이 있는 사람은 강하고, 현재의 자기 자신을 능가하고 뛰어넘을 수 있다. 그리고 살면서 자신이 가야 할 길을 명확히 설정하여 길을 잃고 헤매는 일도 방지할 수 있다.

소설 『이상한 나라의 앨리스』에 이런 구절이 있다. "네가 어디로 가야 할지 모른다면 넌 어디도 가지 못할 테니까." 목표가 없는 사람은 어디로 가야 할지 모르고, 그 자리에 정체된다. 목표가 없는 사람은 성장할 수 없고, 성장하지 않는 사람에게 성공은 없다.

자신의 목표를 향해 끊임없이 전진하는 사람만이 성공할 수 있다. 사람이 성장하기 위해서는 장기적으로 추구하는 목표가 필요하다.

우리가 희망을 품고 전진할 수 있는 힘은, 진심으로 원하고 필요로 하는 어떤 것에 조금씩 다가가는 경험에서 나온다. 목표가 없다면 우리는 방향을 잃고, 쉽게 불안에 휘둘리게 된다. 요즘은 주변에 수많은 가능성과 정보가 넘쳐나서, 선택의 폭이 넓어질수록 오히려 아무것도 선택하지 못하는 상황에 빠지기 쉽다. 그럴수록 우리는 하나의 목표에 집중함으로써 마음을 다잡고, 혼돈의 상황을 헤쳐 나갈 수 있게 된다.

삶의 장기적인 목표는 밤하늘의 별빛처럼 아이의 삶을 올바른 방향으로 인도한다.

목표는 밤하늘의 별빛과도 같다. 우리가 길을 가다 어디로 가야 할지 방향을 찾지 못할 때, 하늘의 별을 올려다보면 자신이 향하던 방향을 다시 찾을 수 있다. 그래서 별빛은 중요하다. 삶의 장기적인 목표는 밤하늘의 별빛처럼 우리 삶을 올바른 방향으로 인도한다. 삶의 장기적인 목표가 있는 사람은, 현재의 자리에 안주해서 우물쭈물하지 않고, 미래의 목표를 향해 끝없이 전진해 나갈 수 있다.

　미국의 철학자 존 듀이는 인간 본성의 가장 깊은 충동은 '중요하고 위대한 사람이 되고픈 욕망'이라고 말했다. 그런 욕망을 지닌 사람은 자신이 추구하는 소중한 것에 집중하기 위해 노력한다. 현재의 작은 쾌락에만 몰두하지 않고, 미래를 위해 스스로 절제하고 노력한다. 나는 아이가 제대로 성장하기 위해서는, 본인의 삶을 장기적으로 이끌어 나갈 목표를 수립하는 것이 무엇보다 중요하다고 생각했다. 그래서 아이에게 늘 '네가 추구할 미래의 목표를 가져야만 한다'고 강조했다. 간절히 원하는 것이 있어야 한다는 사실을 이야기했다.

　아이는 어렸을 때부터 미래의 자신이 '중요하고 위대한 사람'이 되어야 한다는 확고한 목표가 있었다. 위대한 업적을 남긴 과학자들의 이야기를 책으로 읽으면서, 존 듀이가 말하는 '인간 본성의 가장 깊은 충동'을 느꼈던 것 같다. 그렇게 아이는 어렸을 때부터 보다 나은 세상을 만드는 데 공헌할 수 있는 과학자가 되는 목표를 가지고 있었다.

　삶의 장기적인 목표가 있기 때문에, 우리 아이는 그것을 별빛처럼 바라보며 살고 있다. 한눈팔지 않고 자신의 길을 찾아서 계속 전진해 나간다. 어려서부터 공부를 열심히 했던 것도, 컴퓨터나 스마트폰으로 하는 게임을 하지 않고, 자신의 시간을 허투루 쓰지 않는 것도, 자신이 걸어가야 할 길을 알고 있었기 때문일 것이다.

아이는 대학에 가서도 자신이 평생 추구해야 할 연구과제를 찾기 위해 열심히 노력하고 있다. 그리고 군대 갈 수 있는 나이가 되자마자 입영 영장도 나오기 전에 망설임 없이 입대를 선택했다. 대한민국 남자라면 누구나 겪어야 하는 의무를 일찍 이행하고, 자신이 선택한 목표를 향해 가는 데 집중하기 위해서였다. 군대에 가서도 다양한 책을 읽고, 대학 졸업 후 유학 준비를 위해 영어 공부도 열심히 하고 있다.

목표가 있으면 그것을 이루기 위해 열심히 노력하게 된다.

아이에게 공부의 동기를 만들어 주고 싶다면, 아이가 원하는 미래의 모습을 그려 보게 하고, 그것이 삶의 목표가 되도록 하는 것이 좋다. 이 미래의 모습은 특정 직업이 될 수도 있고, 위대한 삶과 같은 추상적인 목표일 수도 있다. 아이들은 본인이 생각하는 가치 있는 목표를 추구할 때, 책임감이 생겨나게 되고, 공부의 동기도 가지게 된다.

또한 아이에게 높은 목표의식을 가지고 열심히 노력하는 사람들과 접촉할 수 있는 기회를 만들어 주는 것이 좋다. 부모가 그런 사람이면 좋고, 주변 친인척 중에 그런 사람이 있다면 자주 만날 수 있도록 해 주는 것이 좋다. 인간은 다른 사람의 기분이나 에너지에 영향을 많이 받기 때문이다. 향수가게에 들어가면 향수를 사지 않아도 내 몸에 향기가 배는 것처럼, 좋은 사람과 어울리면 좋은 사람이 될 가능성이 높아진다.

최선을 다해서 노력한다는 뜻의 라틴어는 'optimum'이다. 여기에서 나온 영어 단어 'optimism'은 미래를 긍정적으로 바라보는 낙관주의라는 뜻을 가지고 있다. 현재 자신이 처해 있는 상황에서 최선을 다할 때, 미래를 낙관적으로 볼 수 있다. 장기적인 삶의 목표를 가지게 되면, 현재의 상황에서 최선을 다하게 된다. 목표를 향해 최선의 노력을 하는 사람에게 미래는 낙관적이다.

사람이 살면서 해야 하는 일 중 하나는
미래의 내 모습을 그려 보는 것이다
그것은 삶의 목표가 되고
간절히 원하는 것이 된다

대망

크고 원대한 목표의 중요성

"우리의 목표가 너무 높아서
놓치게 되는 것보다,
낮은 목표에 도달하는 것이
가장 위험하다."

- 르네상스 시대의 예술가 미켈란젤로

목표를 어떻게 세우느냐에 따라
보이는 것이 달라진다.

레오나르도 다빈치, 라파엘로와 함께 르네상스 시대를 대표하는 3대 거장 예술가로 불리는 미켈란젤로는 88세의 나이로 세상을 떠날 때까지 예술 작업에만 몰두했던 사람이다. 로마 시스티나 성당의 천장화 〈천지창조〉를 보면, 한 인간의 힘으로 도저히 이룰 수 없을 것 같은 위대한 작업 앞에서 경탄하게 된다. 독일의 대문호 괴테는 이 작품에 관해 이렇게 말했다. "시스티나 성당을 보지 않고서 한 인간이 어느 정도의 일에 도달할 수 있다는 것을 직관적으로 상상하는 것은 불가능하다." 고개를 위로 들고 천장에 그림을 그리는 고통스러운 작업을 4년 동안 홀로 해낸 미켈란젤로의 위대함이란…. 한 인간에 대한 경외감이 절로 든다.

미켈란젤로는 꿈과 목표는 크게 잡고 시작해야 한다고 말했다. 그는 목표를 너무 낮게 설정하고, 그에 도달한 것에 만족하는 태도가 가장 위험하다고 보았다. 목표를 낮게 잡으면 엄청난 노력을 쏟아붓더라도 그 수준에서 벗어나기가 힘들다. 왜냐하면 우리가 추구하는 목표가 달라지면, 생각하는 방식도, 보이는 것도 완전히 달라지기 때문이다. 작은 목표는 작은 결과를 낳고, 크고 원대한 목표는 크고 원대한 결과를 낳는다.

목표를 어떻게 세우느냐에 따라, 우리가 중요하게 여기는 것들이 달라질 수 있다. 낮은 목표를 세웠을 때는 중요해 보이던 것이, 높고 원대한 목표를 세우면 오히려 하찮게 느껴질 때가 있다. 그 반대의 경우도 마찬가지이다. 『퓨처 셀프』의 저자 벤자민 하디는 이렇게 말한다. "미래의 나를 위협하는 중대한 요인은 목표를 작게 설정하는 것이다." 그는 더 열심히 일하는 것보다 목표를 더 높게 세우는 것이 훨씬 더 중요하다고 강조한다.

목표를 높게 설정하면, 그에 맞는 길과 방법을 찾아낼 수 있다. 이전에는 보이지 않던 가능성이, 크고 원대한 목표를 세운 뒤에는 훨씬 뚜렷하게 드러난다. 그리고 그런 목표를 향해 나아가는 과정은 현재의 나를 더욱 나은 사람으로 만들어 나간다. 성장의 원동력은 스스로 세운 높은 목표이다. 즉, 큰 목표와 꿈을 뜻하는 대망(大望)이 있을 때, 사람은 계속해서 성장해 나갈 수 있다.

우리 아이는 세계적인 경쟁력을 갖춘 과학기술자가 되리라는 원대한 꿈을 갖고 있다. 그렇게 자신이 추구하는 높은 목표가 있기 때문에 계속해서 성장을 위한 노력을 멈추지 않고 있다. 또한 즉각적인 보상을 얻는 행동을 피하고, 높은 목표를 향해서 가는 데 필요한 행동에 몰두한다. 자신의 행동도 절제할 줄 안다.

부모는 아이의 가능성을
제한하지 말아야 한다.

아이가 원대하고 높은 목표를 세울 수 있도록 돕는 것은 부모의 중요한 역할이다. 그러기 위해 부모가 먼저 해야 할 일은, 아이의 가능성을 제한하지 않는 것이다. 아이는 본래 무궁무진한 가능성을 지닌 존재다. 그런데 부모의 일방적인 기준으로 아이의 선택을 단정 짓거나 부모가 대신 결정해 버리면 아이의 숨겨진 가능성을 차단하는 결과를 초래할 수 있다.

아이를 위한다는 마음으로, 또는 고생할까 봐 아이의 목표를 낮추는 부모도 있다. 하지만 이 경우 아이의 미래가 밝지 않을 수 있다. 낮은 기대는 낮은 성과로 이어진다. 교육심리학에서는 이를 '골렘효과(Golem Effect)'라 한다. 교사가 어떤 학생에게 좋은 성적을 기대하지 않으면, 그 학생이 실제로 좋은 성적을 내지 못하게 되는 현상이다. 즉, 다른 사람에 대한 기대 수준이 낮을 때 상대방도 노력을 하지 않고, 이는 결국 성과 저하로 이어진다는 것이다.

'골렘'이라는 이름은 유대교 신화에 나오는 흙으로 만든 존재에서 유래한다. 원래는 유대인들을 보호하기 위해 창조되었으나, 점차 흉포한 성향으로 변해 가며 모든 것을 파괴하기에 이르렀다고 한다. 아이를 키울 때 이러한 골렘효과를 경험하게 되는 경우가 있다. 예를 들어, 부모 스스로가 어릴 때 공부에 관심이 없었고 잘하지 못했기 때문에, 아이도 그럴 것이라고 기대를 낮추면 아이가 좋은 성적을 기록할 가능성이 낮아지는 것이다. 부모가 공부는 재미없는 것이라고 아이에게 단정적으로 이야기하면, 공부를 재미있어 할 수 있는 아이도 부모의 영향으로 공부를 재미없게 생각할 수 있다. 그러므로 '모르는 것을 배우는 공부는 즐겁다'는 생각을 가지고, 그 생각이 아이에게 전해지도록 해야 할 것이다.

이는 운동이나 예술 분야에서도 마찬가지이다. 부모가 운동을 못했다고, 아이에게 '너는 날 닮아서 운동을 못할 거야'라고 말하는 경우가 있다. 이런 말은 들은 아이는 운동을 잘하기가 어렵다. 부모의 낮은 기대가 아이의 생각과 성장을 제한해 버리기 때문이다.

내가 대학생이 되었을 때, 기타를 배우려고 기타학원에서 두 달가량 레슨을 받은 적이 있었다. 하지만 그럼에도 기타 실력이 늘지 않았고, 간단한 코드 잡는 것도 어려웠다. 기타 연주 자체가 재미없게 느껴졌다. 그 뒤로 기타를 치지 않았다. 우리 아이가 대학생이 되어서 기타를 배우고 싶다고 했을 때 걱정이 되었다. 아이가 나처럼 기타를 못 치지 않을까 하는 생각을 했다.

그렇지만 아이에게 '넌 나를 닮아서 기타를 못 칠 거야'라는 말은 하지 않았다. 오히려 '끈기 있게 연습하면 훌륭한 기타 연주자가 될 거야'라고 격려해 주었다. 그 결과 아이는 대학생 밴드에서 기타 연주를 할 수준까지 도달하게 되었다. 군대에도 자기 기타를 가지고 가서, 틈날 때마다 연주를 하고 있다. 이제 아이에게 기타는 힘든 군대 생활에 위로가 되는 존재가 되었다.

부모는 아이가 목표를 높게 세울 수 있도록 도와야 한다.

부모 자신의 목표는 낮게 설정되어 있었다 하더라도, 아이는 목표를 크고 원대하게 설정할 수 있도록 도와주자. 아이의 목표에 한계를 정해 두지 말고, 자유롭게 좋은 전망을 가질 수 있도록 하자. 아이의 목표를 작게 설정하는 것은 아이의 미래를 망치는 길이다. 더 잘하고, 더 열심히 자신의 목표를 향해 나아갈 수 있는 아이의 가능성을 축소시키는 길이다. 목표를 크고 원대하게 설정해 놓으면, 아이는 필연적으로 그 수준에 맞는 원칙과 법칙, 전략을 찾게 된다.

'코이의 법칙'이라는 게 있다. 코이는 일본의 붕어 종류 물고기로, 자라는 물에 따라 크기가 달라진다고 한다. 코이를 그릇에 넣고 기르면 길이가 5~8cm밖에 자라지 않고, 연못으로 가져가면 12~25cm까지 자라고, 강에 넣으면 90~120cm까지 자란다고 한다. 코이라는 물고기는 자신이 어디에 위치하느냐에 따라 크기가 달라진다. 사람 또한 주변 환경과 자신이 추구하는 목표의 크기에 따라 자신이 발휘할 수 있는 능력의 크기가 달라진다.

그렇기 때문에 아이를 과소평가하지 말고, 큰 꿈을 가지고 살면서 성장할 수 있도록 돕는 것이 전망 좋은 부모의 역할이 될 것이다. 나는 아이에게 항상 이런 말을 했다. "네 꿈을 크게 가져라. 네가 꿈을 크게 가질수록 네가 보는 세상이 달라질 것이다." 대망(大望)은 큰 전망이다. 큰 전망을 가지는 순간 세상은 다르게 다가온다. 아이가 크고 원대한 목표를 세울 수 있도록 도와주는 부모가 진정 전망 좋은 부모이다.

실행

한 걸음의 중요성

한 걸음 이제 한 걸음일 뿐
아득한 저 끝은 보지 마
평온했던 길처럼 계속 나를 바라봐줘
그러면 견디겠어
사랑해 이 길 함께 가는 그대
굳이 고된 나를 택한 그대여
가끔 바람이 불 때만 저 먼 풍경을 바라봐
올라온 만큼 아름다운 우리 길

- 윤종신, <오르막길> 중에서

인생은 모두 눈앞에 있는
한 계단에서부터 시작된다.

현재 내가 살고 있는 동네는 부산의 자그마한 섬 오륙도 앞에 있다. 오륙도는 동해와 남해를 구분하는 경계선에 있는 섬이다. 날씨가 맑고 깨끗한 날에는 오륙도 너머로 일본의 대마도가 보이기도 한다. 아침이면 동해 쪽에서 해가 떠오르는 일출을 볼 수 있다. 해마다 1월 1일 아침이면 일출을 보기 위해 몰려드는 사람들로 인해 차가 막히기도 한다. 자주 세찬 바닷바람이 밀려드는 곳이기도 하다.

집 뒤에는 나지막한 산이 있다. 우리 아이가 어렸을 때 산책 삼아 많이 다녔던 곳이고, 지금은 아내와 함께 거의 매일 간다. 해발 224.6m의 나지막한 산이지만, 정상까지 올라갔다 오면 꽤 운동이 되었다는 느낌이 든다. 산 중턱에서부터 정상까지 가는 길에 있는 200개 정도의 계단은 제법 가파르다. 그 계단을 오를 때면, 난 항상 산 정상을 보지 않는다. 눈앞에 보이는 한 계단만 본다. 그렇게 하면 계단을 올라가는 것이 그리 힘들지 않다. 한 계단, 한 계단 오르고 나면 어느새 정상이다.

인생을 살아가는 것도 모두 눈앞에 있는 한 계단에서부터 시작된다. 〈오르막길〉의 가사처럼 아득한 저 끝을 보지 않고 한 걸음 한 걸음 걸어가야 한다. 가끔 바람이 불고 힘들 때는, 저 멀리에 있는 미래의 행복하고 멋진 모습을 생각하며 위안을 받기도 한다. 그렇지만 언제나 시작은 눈앞에 보이는 한 걸음부터다. 한 걸음씩 인생의 오르막길을 오르다 보면, 어느새 '올라온 만큼 아름다운 우리 길'이 보인다.

인생의 커다란 목표도
벽돌 한 장 쌓아 올리는 노력에서 시작된다.

살아가면서 크고 원대한 목표를 세우는 것은 중요하지만, 그것을 향해 가는 과정은 눈앞에 있는 한 걸음부터 시작해야 한다. 오르막길에 놓인 계단 하나하나를 밟고 올라가는 과정을 거치지 않으면 꼭대기까지 올라갈 수 없다. 우리 인생에서 나만의 커다란 집을 짓는 게 목표라면, 그 목표를 향해서 벽돌 한 장을 쌓아 올리는 노력을 해야 한다. 벽돌공이 벽돌을 한 장씩 꾸준히 쌓아 올려서 커다란 건물을 완성하는 것처럼, 인생의 커다란 목표도 벽돌 한 장을 쌓아 올리는 노력에서부터 시작된다.

그랜드슬램 대회 남자 단식에서 14회 우승하며, 1990년대 세계 최고의 테니스 선수로 평가받는 피트 샘프라스는 자신의 성공 비결을 이렇게 말했다. "나는 결코 한 시합에 이기려고 하지 않는다. 한 세트나 한 게임을 이기려고도 하지 않는다. 나는 오직

한 점만을 따기 위해 노력한다." 테니스 시합에서 이기기 위해서는 우선 한 점부터 따야 한다. 그 한 점이 쌓여서 한 세트, 한 게임을 따낼 수 있게 되고, 결국에는 한 시합에서 승리를 안겨 준다.

쑤린은 그의 책에서 하버드대생을 자아실현의 길로 이끈 '하버드정신'을 설명한다. 이 책에서는 하버드대생의 성공을 가로막는 가장 큰 장애물이 바로 '결과에 대해 사서 걱정하는 것'이라고 말한다. 결과가 잘못될까 봐, 다른 사람에게 웃음거리가 될까 봐 걱정하는 마음이 우리의 성공을 가로막는다는 것이다. 오르막길 초입에서 길이 끝나는 지점을 바라보면 막막한 기분이 든다. 끝도 없는 오르막의 연속인 인생의 길에서는 먼 미래를 예측하기가 더욱 어렵다. 성공의 결과에만 집착하면 '사서 걱정하게 되는' 것이다.

이럴 때는 눈앞에 놓인 한 걸음에 집중해야 한다. 한 걸음씩 나아가다 보면 결국 오르막의 끝에 도달한다. 혹시 도달하지 못한다 해도 좀 더 높은 곳에서 '올라온 만큼 아름다운 우리 길'을 내려다볼 수 있다. 현재의 한 걸음에 집중하다 보면, 성공하지 못해도 올라온 만큼 성장할 수 있는 것이다.

**먼 미래의 목표를 달성하고 싶다면,
목표를 작은 단위로 나누는 것이 필요하다.**

아이를 키우면서 먼 미래의 원대한 목표를 세우는 것 못지않게 중요하게 생각한 것은, 작은 단위의 목표를 세우는 것이었다. 1년 단위, 1개월 단위, 그리고 매일매일의 목표로 목표를 나누어 보았다. 이렇게 목표를 작은 단위로 나누어 보면 매일 해야 할 것이 보인다. 계단을 올라갈 때처럼 매일 하루에 한 칸씩만 올라가면 되는 것이다. 목표한 대로 하루를 잘 보냈는지 점검하면서 계단 높이가 적당한지 확인하고 조절해 보는 것도 좋겠다. 아이가 어렸을 때는 아내와 내가 아이와 의논해서 함께 하루의 목표를 세웠고, 중학생 때부터는 아이가 스스로 그날의 목표를 세워서 실천했다.

골프 격언 중에 '머리를 들지 말라'는 말이 있다. 골프를 잘 치려면, 공이 맞는 여기의 순간에 집중해야지, 공이 도달할 먼 목표 지점을 미리 보려고 하면 안 된다는 말이다. 골프채로 공을 치기 전에 목표 지점을 미리 봐 두어야 하겠지만, 공을 치는 그 순간에는 아래에 있는 공을 바라보고 있어야 한다.

우리가 살아가는 인생도 마찬가지일 것이다. 먼 훗날에 이루고 싶은 목표는 미리 설정해 두어야 한다. 그렇지만 그것만을 바라보고 있어서는 안 된다. 지금 하고 있는 일에 집중하는 것이 우선이다. 끈기 있게 매일 매일 자기가 할 일을 꾸준히 하다 보면 어느새 목표 지점에 가까워져 있음을 보게 된다.

목표는 항상 높게 잡아야 최선의 노력을 기울일 수 있다. 그러나 문제는 현재 시점에서 거기까지 도달하는 데 필요한 일들을 모두 생각하다 보면 초조함과 불안감에 사로잡히게 된다는 것이다. 이런 초조함과 불안감을 관리하려면 어떻게 해야 할까. 우선 큰 목표를 달성하기 위해서 필요한 작은 목표들을 세우고, 이후에 작은 목표에 도달하기 위한 노력을 해 나가면 된다. 이것이 지금 당장의 한 걸음이 중요한 이유이다.

현재의 한 걸음에 집중하다 보면
성공하지 못해도 올라온 만큼
성장할 수 있는 것이다

완료

완벽보다 더 중요한 완료

어디로 가는 개미를 본 적 있어?
단 한 번에 길을 찾는 법이 없어…
길을 잃는다는 건 그 길을 찾는 방법…
수없이 헤매도 난 나의 길을 믿어 볼래

- BTS, <Lost> 중에서

완료주의가
완벽주의보다 낫다.

　BTS의 〈Lost〉에는 길을 잃고 헤매는 개미의 모습이 묘사되어 있다. 개미는 집으로 돌아가는 길에서 수없이 헤맨다. 단 한 번에 길을 찾는 법이 없다. 그렇지만 결국 집으로 돌아간다. 그리고 그 다음 번에 집으로 돌아갈 땐 좀 더 나은 방법을 찾는다. 수없이 헤매도 자신의 길을 믿는 개미는 마침내 목적지에 도달한다.

　사람도 마찬가지다. 무언가를 시도했을 때, 처음부터 잘하는 경우는 없다. 학생 시절에 수학 문제를 풀 때를 생각해 보자. 처음부터 쉽게 풀리는 문제는 거의 없다. 학년이 올라갈수록 어려운 문제들이 나오는데, 처음에는 아예 손도 댈 수 없는 것도 있다. 하지만 그렇게 어렵게 느껴지던 문제들도 몇 번 시행착오를 겪고 나면 쉽게 풀 수 있다. 수없이 헤매더라도 계속 풀어 나가다 보면 방법을 찾을 수 있다. 그때가 되면 처음에 헤맸던 것이 잘 기억나지 않을 것이다.

　다른 분야에서도 마찬가지다. 악기를 연주할 때, 처음에는 엄두가 나지 않는다. 연주할 때마다 틀린 부분이 있을 것이고, 자신의 연주가 마음에 들지 않을 것이다. 그렇다고 해서 포기해 버리면, 영영 마음에 드는 연주를 할 기회를 잃는다. 제대로 연주하지 못하더라도, 한 곡씩 끝까지 연주하다 보면 방향을 잡아나가게 된다.

아이가 대학에 들어가고 난 후, 기타를 배우기 시작했다. 열심히 배우고 연습했다. 서울대 내에 있는 학생 밴드에 들어가기 위해 몇 군데 오디션에 지원했다. 열심히 준비했지만, 계속 떨어졌다. 떨어질 때마다 더 잘하기 위해 더 열심히 노력했다. 그리고 결국에는 인문대 쪽 한 학과의 밴드 오디션에 합격할 수 있었다. 중도에 포기했더라면 얻을 수 없는 결과다.

아이가 이런 말을 한 적이 있었다. "어려운 곡을 한 번 끝까지 연주하고 나면, 내 실력이 조금 더 나아졌다는 걸 느껴. 물론 그 어려운 곡을 완벽하게 연주하진 못했다 하더라도…." 완벽하진 않지만, 한 곡의 연주를 완료하면 실력이 향상된다. 완벽한 연주를 위해 완벽하지 않은 연주를 하지 않으면 성장의 기회는 영영 사라진다. 완벽주의보다 완료주의가 낫다.

책을 읽다가 좌절감을 느낄 때가 있다. 읽고 있는데도 그 내용이 제대로 이해되지 않는 것이다. 그럴 때면 이 책을 끝까지 읽어 낼 수 있을까 걱정된다. 이때도 완벽보다 완료가 낫다는 생각을 하는 것이 필요하다. 책 내용이 이해되지 않더라도 끝까지 읽고 나면, 책의 전체적인 윤곽을 알 수 있다. 이때 다른 사람의 설명을 들으면 이해되지 않던 내용들이 머릿속에 들어오기 시작한다. 책을 읽지 않고 유튜브에서 책에 대한 요약 설명만 듣는 것과는 다른 큰 이점이 있을 것이다.

잘하는 것보다
끝까지 해 보는 게 더 중요하다.

소설가 엘리자베스 길버트는 이런 말을 했다. "Done is better than good." 어떤 것을 시작했으면, 잘하는 것보다 끝까지 해 보는 게 더 중요하다는 의미다. 완벽하지 않아도 계속 시도해서 마무리 짓는 경험이 쌓이면 이전보다 능숙해져서 더 잘할 수 있다는 뜻이다. 그렇기에 어떤 일이 있으면 미루지 말고, 실행해서 마무리를 지을 필요가 있다.

아이가 운동이든 악기 연습이든 끝까지 완수하는 습관을 들이도록 도와야 한다. 공부도 마찬가지다. 시작해서 끝까지 마치도록 하는 습관을 들이는 것이 중요하다. 공부는 시작하는 것도 중요하지만, 끝까지 가서 마치는 것이 더 중요하다.

아이가 공부를 시작하고 금방 흥미를 잃게 되는 경우를 볼 수 있다. 특히 학년이 올라갈수록 이전과 다른 어려운 문제에 부딪혔을 때 아이는 싫증을 잘 느끼게 된다. 이때 부모는 아이의 싫증을 쉽게 받아들여서는 안 된다. 아이가 끝까지 계속 문제를 풀어 나갈 수 있도록 유도해야 한다. 어려움을 겪는 시기를 거치고 난 후에 다가오는 성취감을 느낄 수 있게 도와야 할 것이다.

공부할 때는 편안함만 추구해서는 안 된다. 짧은 시간에 이해되지 않고, 풀어 낼 수 없는 문장과 문제를 장시간 붙들고 앉아서 대면하는 끈기와 인내가 없으면 공부를 잘할 수 없다. 불편함을 직면하고, 참고 견뎌야 한 단계 더 성장할 수 있다. 누구나 어려운 문제에 직면하면 불편한 감정을 느낀다. 특히 내가 열심히 노력했는데도 좋은 성과를 낼 수 없다면 더 그럴 것이다.

모든 것이 완벽해야 한다고 생각하는 완벽주의자들은 불편한 순간들을 참지 못해 중도 포기해 버리는 경우가 있다. 어려운 문제가 풀리지 않을 때, 그것을 자신의 능력 부족으로 생각해 버리기 때문이다. 그러나 완료주의자는 어려운 문제가 풀리지 않을 때, 포기하지 않고 계속 도전한다. 자신의 능력 부족이라고 생각하지 않기 때문이다. 완료주의자는 계속 노력하다 보면, 어느 순간 어려운 문제가 쉽게 풀릴 수 있다는 것을 알고 있기 때문에 포기하지 않고 계속 도전한다.

내가 대학 1학년 때였다. 서울대 물리학과에 들어가서 물리학자의 꿈을 키우고 있을 때, 당시 지도교수가 1학년 학생들 앞에서 이런 말을 했다. "물리학은 천재들의 학문이다. 너희들 중 성공한 물리학자가 한 명만 나와도 다행이다. 한 명도 안 나올 수도 있다." 이 말을 들은 1학년 동기들 대부분은 그야말로 '멘붕'에 빠졌다. 1학년 1학기 중간고사 성적이 중간쯤이었던 나 같은 학생들은 절망적인 기분을 느꼈다.

1학기가 채 끝나기 전에 나를 비롯해서 8명이 휴학계를 냈다. 각기 다른 이유로 냈지만, 지도교수의 말이 큰 영향을 주었을 것이다. 지금 생각해 보면 참으로 어처구니없는 말이 아니었나 싶다. 끝까지 포기하지 않고 노력하다 보면, 누구든 성공적인 물리학자가 될 수 있다는 사실을 몰랐기 때문에 일어난 일이었다. 그때 완료주의의 중요성을 알았다면 물리학과를 그만두지 않았을 거란 생각을 해 본다. 다 지나간 일이지만….

세상에 완벽한 것은 없다. 완벽을 추구할 수는 있지만, 세상 모든 문제를 완벽하게 풀어 낼 수는 없다. 계획을 세울 때도, 최선의 계획을 세울 수는 있지만, 완벽한 계획을 세울 수는 없다. 세상에는 너무나 많은 변수가 존재하기 때문이다. 그렇기에 완벽함이란 불가능을 쫓기보다는, '수없이 헤매더라도 끝까지 가다 보면 어제보다 한 단계 더 성장한다'는 생각으로 움직이는 태도가 필요하다. 사람은 완벽할 수 없고, 죽는 날까지 성장해 나가는 존재이다. 그런 의미에서 완벽보다 완료가 낫다.

아이와 함께 보내는 시간이 중요한 이유

7장

여행

아이와 행복한 기억 만들기

나의 사랑, 나의 누이여
꿈꾸어 보세
거기 가 함께 사는 감미로움을!

한가로이 사랑하고
사랑하다 죽으리
그대 닮은 그 나라에서!

- 샤를 보들레르, 「여행에의 초대」 중에서

가족여행은 가족이 공유하는
소중한 추억의 시간이다.

여행을 생각하면, 그 순간 제일 먼저 떠오르는 것이 샤를 보들레르의 시 「여행에의 초대」이다. 대학원생 시절에 이 시를 접했던 듯하다. 서울대 근처 신림동의 옥탑방에서 어렵게 자취 생활을 할 때였다. 학교 다니면서 월세, 생활비, 등록금을 벌기 위해 늘 바쁘게 지냈다. 책을 한 권 사고 나면 빠듯한 생활비 때문에 한 끼 식사를 건너뛰어야만 했던 적도 있었다. 이런 상황 때문에 여행 같은 건 꿈도 꾸지 못했지만, 언젠가는 낯설고 먼 곳으로 여행 가는 꿈을 꾸었던 것 같다. "한가로이 사랑하고/ 사랑하다 죽으리"라는 시의 구절처럼, 여행은 신비로운 매력을 선사한다. 그래서 많은 사람이 사랑하는 사람과 함께하는 여행을 꿈꾼다.

아이가 어렸을 때부터 우리 가족은 여행을 많이 다녔다. 가족이 함께하는 여행은 가족의 공통된 기억을 만드는 중요한 행위이다. 가족끼리 소통이 쉬운 이유는 공유하고 있는 경험들이 많기 때문일 것이다. 여행지에서 한가로운 시간을 보내면서 경험했던 여러 가지 일들은 두고두고 이야깃거리가 되었다. 여행지의 낯선 환경에서 시행착오를 겪기도 하고, 예기치 못한 일들이 생겼던 적도 많았다. 그것들은 시간이 지나면서 가족이 공유하는 소중한 추억이 되었다.

아이가 어릴 때는 주로 주말에 1박 2일로 국내여행을 다녔다. 그 당시에 인기가 많았던 TV 예능프로그램 '1박2일'의 영향을 받았던 것 같다. 이때는 부산에서 멀지 않은 지리산, 경주, 거제, 순천 등지에 많이 갔었다. 부산에서 태어나 계속 자랐던 아이에게 서울이라는 한국의 최대 도시를 보여주기 위해 서울 여행도 여러 번 했다. 아이가 중고등학생일 때는 아이도 나도 바빠서 거의 여행을 갈 수가 없었다. 아이가 대학생이 된 후에는 좀 더 멀리 해외로 여행을 가자고 했는데, 아이가 대학 1학년 때는 그러질 못했다. COVID-19 때문이었다. COVID-19 시기를 지난 다음에는 방학 때마다 해외로 가족여행을 갔다. 1년 동안 그렇게 했고, 아이가 군대를 간 지금은 그러질 못하고 있다.

아이의 성장을 위해서는 여행이 필요하다.

아이가 어릴 때 가족여행을 많이 다니는 것이 좋다. 어린 시절 가족여행의 경험이 많은 사람은 성인이 된 후에도 커뮤니케이션 능력과 사회성, 배려심 등의 측면에서 자존감이 높은 경향이 있다고 한다. 우리 아이에게도 가족여행의 경험은 스스로를 성장시키는 데 많은 도움이 되었다고 생각한다. 집이라는 익숙한 공간을 떠나면, 아이는 새로운 경험을 하고, 새로운 역할을 부여받는다. 가족끼리 떠나는 여행에서 아이는 서로를 배려하고, 집과 다른 환경에서 생기는 불편함을 참아내야만 한다는 것을 깨닫게 된다. 낯선 장소에서 낯선 사람들과 관계를 맺는 법도 배운다.

또한 여행은 아이가 새로운 자신의 모습을 발견할 수 있는 시간이 된다. 여행은 단순히 무엇을 보러 가는 것만은 아니다. 자기와 상관없는 곳에 자기를 데려다 놓고 스스로를 낯설게 만드는 것이다. 한 번도 가 본 적 없는 새로운 장소에 갔을 때, 비로소 자기에게 드러난 적이 없는 자기를 만나게 된다. 이렇듯 여행은 이제껏 몰랐던 자기 모습을 발견하게 되고, 자신을 뒤돌아볼 수 있는 매우 소중한 시간이 될 수 있다. 아이들은 여행을 통해서, 여행 전에 가지고 있던 자기 생각과 선입견을 비우고, 안으로 더 깊어지고 밖으로 더 넓어질 수 있다.

헤르만 헤세는 "모든 인간은 자기 자신 이상이다"라고 했다. 인간은 어떤 존재로 멈추는 존재가 아니라, 항상 변화하면서 현재와 과거의 자기 자신을 넘어서는 존재라는 의미다. 그러니 인간은 항상 여행 중이라고 할 수 있다. 인간은 끊임없는 여행을 통해서 과거의 나를 넘어서는 나를 만나야만 하는 존재이다. 낯선 곳으로 떠나는 여행을 통해 나의 작은 자아를 부수고, 자기 자신 이상으로 나아가야만 한다. 그것이 참으로 인간다운 모습이다.

> 진정한 여행은 자신의 마음속에 있는
> 보물을 찾아내는 과정이다.

아이가 성인이 되고는 아이에게 혼자 여행을 떠나는 것도 좋다고 말했다. 조용히 혼자서 나를 찾는 시간을 가지는 것은 좋은 일이다. 또한 아이에게 자기 자신 안에서도 항상 여행을 해야 한다고 했다. 멈추는 존재가 아닌 여행하는 존재가 되기를 바라는 마음에서였다.

아이는 군대 제대 후에 혼자서 여행을 떠나겠다고 했다. 지금의 계획은 두 달가량 유럽 여행을 가는 것이다. 비용은 군대에서 받은 월급을 모아둔 것으로 충당 가능하다고 했다. 혼자서 하는 여행을 통해 참으로 나다운 것이 무엇인지를 고민해 보는 시간을 가지고 싶다고 했다. 아이의 인생에서 아주 의미 있는 시간이 되리라 기대한다.

파울로 코엘료의 소설 『연금술사』에 이런 구절이 있다. "그대의 마음이 있는 곳에 그대의 보물이 있다는 사실을 잊지 말게. 그대가 여행길에서 발견한 모든 것들이 의미를 가질 수 있을 때 그대의 보물은 발견되는 걸세." 여행을 하면서 만나는 모든 것들에 의미를 부여하고, 그것을 내면화하여 삶에 적용할 수 있을 때, 그 여행은 가치 있는 것이 된다. 자신의 마음속에 있는 보물을 찾아내는 여행이 진정으로 값진 경험이 될 것이다. 우리 아이의 여행이 자신의 마음속 보물을 찾는 값진 경험이 되길 바란다.

아이와 함께하는 여행은 내가 살아가는 동안 앞으로도 계속 이어질 것이라고 생각한다. 아직 가 보지 못한 곳이 많고, 그곳에서의 값진 경험들을 아이와 공유하고 싶기 때문이다. 살아가는 것 그 자체가 여행이다. 자기 자신 이상을 꿈꾸면서 끊임없이 여행을 떠나야 하는 것이 인생이다. 아이가 자신이 선택한 목적지를 향해서 여행을 떠날 때, 그 여행의 동반자가 되고 싶다. 혹 여행의 동반자가 되지 못하더라도, 아이가 자신의 여행에서 값진 보물을 찾을 수 있도록 언제까지고 응원해 주고 싶다.

낯선 곳으로 떠나는 여행을 통해
나의 작은 자아를 부수고
자기 자신 이상으로 나아가야만 한다

그것이 참으로 인간다운 모습이다

도전

한계를 넘어서기

Beyond the road 껍질을 깨뜨려버리자
두려움은 이제 거둬 오로지 나를 믿어
지금이 바로 time to fly
두 눈앞의 끝, 사뿐 넘어가
한계 밖의 trip, 짜릿하잖아
녹이 슨 심장에 쉼 없이 피는 꿈
무모하대도 믿어 난

- 윤하, <오르트구름> 중에서

사람은 살면서 끊임없는 도전을
시도해야 한다.

오르트구름은 태양계를 껍질처럼 둘러싸고 있다는 가상의 천체 집단을 말한다. 실존하는지 확실치 않은 가상의 천체 집단이지만, 만약 오르트구름이 실존한다고 가정하면 태양계의 범위는 엄청나게 커진다. 현 시점 지구로부터 가장 멀리 날아간 탐사선인 보이저호가 오르트구름 안쪽 경계에 도달하는 것이 2300년을 넘길 것이라고 예측하고 있고, 이 오르트구름을 완전히 벗어나려면 대략 3만 년의 시간이 걸린다고 한다.

윤하의 노래 〈오르트구름〉의 가사는 보이저호의 여정을 표현한다. 태양계의 끝까지 날아가던 보이저호가 태양계를 둘러싸고 있는 엄청난 크기의 오르트구름을 마주했을 때의 상황을 표현하고 있다. 보이저호는 이 오르트구름의 경계선이 끝이라고 생각하지 않는다. 두려움을 거둬낸 보이저호는 눈앞의 경계를 사뿐히 넘는다. 한계를 넘어선 여정을 시작한다. 무모하다고 하지만, 오로지 나를 믿고 여정을 계속한다.

사람은 살면서 무수한 도전을 시도해야 한다. 때론 두렵고 무모해 보이지만, 자신이 마주하고 있던 한계를 넘어서 새로운 도전을 시도해야 한다. 어린아이는 끊임없이 새로운 도전을 시도한다. 첫걸음을 떼는 것도 도전이고, 어눌하게 말을 시작하는 것도 도전이다. 기존의 고정관념에 얽매여 있지 않기 때문에, 새로운 도전을 하는 것을 어렵지 않게 생각한다. 남들이 자신을 어떻게 생각하고 있는지도 크게 신경 쓰지 않기 때문에 도전이 어렵지 않다.

그러나 나이가 들면서, 사람들은 새로운 도전에 나서기를 주저한다. 타인의 시선을 의식하게 되고, 기존의 고정관념에서 벗어나기를 어려워하는 경향이 있다. 어린아이는 실수하는 걸 두려워하지 않고 새로운 시도를 하지만, 나이가 들면서는 실수하는 걸 두려워하게 된다. 그래서 현재의 익숙하고 편안한 상황에서 벗어나기를 꺼린다. 새로운 것은 언제나 두려움을 동반하고 있기 때문이다. 해뜨기 직전이 하루 중 가장 어두운 시간이듯이, 새로운 도전 앞에는 짙고 어두운 두려움이 동반된다.

스탭이 엉키는 순간
멋진 탱고가 탄생한다.

우리는 두려움을 극복하고 새로운 시도를 해야 한다. 영화 《여인의 향기》에서 탱고를 멋지게 추는 주인공 알 파치노가 이런 말을 한다. "실수를 하는 순간, 스탭이 엉키는 그 순간, 멋진 탱고가 탄생한다." 살면서 새로운 경험을 하는 순간은, 위험하고 불안한 순간이면서, 멋지게 살아가는 인생의 한 부분이 탄생하는 순간이기도 하다. 설령 실수를 하더라도 인생의 충만함을 느낄 수 있는 순간이다. 매번 똑같이 움직이지 않고 새로운 시도를 통해 스탭이 엉키는 그 순간에 새롭고 멋진 탱고가 탄생할 수 있는 것이다.

영어에 'serendipity'라는 단어가 있다. 우연한 발견을 뜻하는 말이다. 현재의 편안하고 안락한 삶에 균열을 내면서, 뜻밖의 것을 만나는 행복한 재능을 뜻한다. 이러한 재능을 가진 사람은 새로운 것에 도전하면서, 낯선 경험으로 가득한 새로운 세상 속에서 충만함을 느낀다. 이들의 호기심 많고 깨어 있는 정신은 세상을 깜짝 놀라게 하는 혁신적인 아이디어를 만들어 내기도 한다. 이처럼 한계를 뛰어넘는 새로운 시도와 새로운 도전은, 개인적으로는 삶의 충만함을 느끼게 하고, 사회적으로는 혁신적인 아이디어를 제공하여 성장을 이끌어 낸다.

나는 아이가 언제나 호기심이 많고 새로운 도전을 주저하지 않는 사람이 되기를 바랐다. 집 근처에서 아이와 같이 산책할 때는 길가에 피어 있는 아주 작은 들꽃 하나도 자세히 들여다보고, 생명의 신비함을 느끼길 바랐다. 아이와 같이 책을 읽고, 여행을 다니면서는, 보다 넓은 세계를 향한 도전 정신을 키워 나가길 바랐다. 끊임없이 노력하고, 자신이 세운 목표를 향해 도전하는 사람이 가치 있는 인생을 사는 사람이다. 나는 그런 사람이 되기를 희망했다.

나의 생각과 바람대로, 아이는 어릴 때부터 늘 호기심이 많았다. 새로운 장소에 가 보고, 새로운 경험을 하는 데 주저하는 경우가 없었다. 그리고 공부를 할 때도 늘 새롭고 어려운 과제에 도전하고자 했다. 어려운 과제에 도전해서 문제를 해결했을 때의 기쁨을 알기 때문에 가능한 것이다. 해결책을 알아내지 못하고 실패했을 때도, 자신의 성장에 도움이 된다는 것을 알고 있기에 새로운 도전을 시도하려고 한다.

배는 항구에 머물기 위해 만들어진 게 아니다.

아이는 한국에서의 대학 생활을 마치고 나면, 아마도 자신의 과제를 연구하기 위해 한국을 떠나 더 넓은 세상으로 나아가려 할 것이다. 아이는 살아가면서 계속 새로운 도전을 위해 '한계 밖의 trip'을 시도할 것이다. 그것이 얼마나 짜릿한지를 알고 있기 때문이다.

파울로 코엘료의 소설 『연금술사』에 배에 관한 이야기가 나온다. "배는 항구에 있을 때 가장 안전하지만, 배는 항구에 머물기 위해 만들어진 게 아닙니다." 현재의 상황이 익숙하고 편안해질 때, 그런 현상에서 벗어나는 걸 상실로 받아들이는 성향을 '현상 유지 편향'이라고 한다. 배는 항구에 머물러 있으면 가장 편안하고 안전할 것이다. 배가 항구에 머무르는 걸 계속 유지하려고 한다면, 그것이 '현상 유지 편향'이 될 것이다. 그러나 배는 항구에 머물러 있는 용도로 만들어진 게 아니다. 배는 넓은 바다 위에서 항해할 때, 자신의 본분을 다하는 것이다.

인간은 한정된 운명 속에서 살아가고 있다. 사람마다 수명의 차이는 있지만, 예외 없이 운명의 끝을 맞이해야 한다. 한정된 운명 속에서 살아가는 인간은 한곳에 머물러 있어서는 안 된다. 운명이라는 단어에서 '운(運)'은 움직여 나간다는 뜻을 가지고 있다. 즉, 계속 움직이고 변화하는 것이 인간의 운명이다. 반복되는 일상에서 벗어나 새로운 장소, 새로운 과제에 도전하는 삶이 진정한 나의 모습에 빠져드는 삶이고, 진정으로 충만한 삶이 될 것이다.

그러니 부모의 역할은 아이가 새로운 도전을 하려고 할 때마다 진심으로 응원해 주는 것이다. 남들이 무모하다고 해도, 부모를 믿고, 겁 없이 도전할 수 있는 용기를 갖도록. 아이가 진정으로 충만하고 가치 있는 삶을 살기를 원한다면, 끊임없이 새로운 도전을 시도해 볼 수 있도록 응원해 주어야 한다. 아이가 늘 새로운 과제에 도전하며 성장하는 기반을 닦은 데는 아빠와 엄마의 한결같은 응원이 도움이 되었으리라 생각한다.

반복되는 일상에서 벗어나
새로운 장소, 새로운 과제에 도전하는 삶이
진정한 나의 모습에 빠져드는 삶이고
진정으로 충만한 삶이 될 것이다

예술

아직 오지 않은 나를 꿈꾸게 하는 일

개봉동 입구의 길은
한 송이 장미(薔薇) 때문에 왼쪽으로 굽고,
굽은 길 어디에선가 빠져나와
장미는
길을 제 혼자 가게 하고
아직 흔들리는 가지 그대로 길 밖에 선다.

- 오규원, 「개봉동과 장미(薔薇)」 중에서

감동적인 예술작품은 우리의 삶에 파고들어 변화를 불러일으킨다.

오규원 시인은 시 「개봉동과 장미」에서 개봉동 입구의 길은 한 송이 장미 때문에 왼쪽으로 굽어지게 되었다고 말한다. 그리고 그 길은 저 혼자 간다. 진정한 예술은 한 송이 장미처럼 삶의 길목들을 변화시키는 힘을 갖고 있다. 감동적인 예술작품은 그 자체로 우리의 삶에 파고들어 변화를 불러일으킨다. 그림을 보면서, 음악을 들으면서, 지금까지의 인생과 다른 그 무엇을 꿈꾸는 순간이 찾아왔던 적이 있을 것이다. 그 순간이 나의 삶을 변화시킨다.

독일 프랑크푸르트학파의 철학자 중 한 사람인 테오도르 아도르노는 그의 책 『미학이론』에서 예술이 주는 전율의 힘을 이렇게 말한다. "아직 오지 않은 세상을 꿈꾸게 하고, 아직 오지 않은 나를 꿈꾸게 하는 능력이다." 그래서 예술은 더 나은 세상을 만들고, 지금보다 더 나은 나로 성장해 가도록 한다.

예술은 한정된 시공간에 갇혀 있는 인간이, 그것을 초월해서 자신에게 주어진 최선을 선택하고 추구해 '영원'을 만들려고 하는 행위이다. 한 인간의 삶은 유한하지만, 위대한 예술가가 남긴 위대한 예술품은 무한한 영원의 세계로 진입하게 된다. 위대한 예술가는 사람이 할 수 있는 최선의 길을 알려고 노력하는 자이며, 보통 사람들이 가지 않는 길을 서슴지 않고 걸어가는 자이다.

그렇기에 그들의 삶과 그들이 남긴 예술 작품이 우리를 감동시키는 것이다.

나는 아이가 예술 작품을 통해서 감동을 느끼고, 자신의 삶을 더 나은 방향으로 나아갈 수 있게 하기를 바랐다. 그래서 나는 아이가 어릴 때부터 예술과 친밀해질 수 있도록 해 주고 싶었다. 예술을 많이 접할 수 있는 환경과 경험을 갖게 해 주고 싶었다. 아이가 아주 어릴 때는, 클래식 음반을 사서 집안에서 자주 틀어 두었다. 그리고 아이가 자라면서는 그 외에도 다양한 음악을 접할 수 있게 했다. 특히 다양한 장르의 대중음악을 같이 많이 들었다. 아이가 중학생 때는 아이와 함께 힙합 오디션 프로그램인 '쇼미더머니'를 열심히 봤던 기억이 있다. 아이는 대학생이 되어서 록 음악을 주로 하는 학생 밴드에서 기타를 치고 있다.

아이를 데리고 그림 전시회에도 부지런히 다녔다. 처음에는 관심도 없고, 재미없어 했지만, 여러 번 접하면서 그림에 대한 안목도 높아지고 관심도 생긴 듯하다. 아이가 대학생이 된 후에, 가족 여행으로 스페인에 간 적이 있었다. 10일 정도의 스페인 여행 중에 하루는 오로지 미술관만 다녔다. 마드리드에 있는 프라도 미술관, 티센 보르네미사 미술관, 레이나 소피아 미술관에서 하루 종일 시간을 보냈다. 하루라는 시간이 매우 짧게 느껴졌다. 책에서나 볼 수 있었던 벨라스케스의 〈시녀들〉, 피카소의 〈게르니카〉 등의 그림을 원본 그대로 볼 수 있었던 건 놀라운 일이었다. 아이는 한참을 그들 그림 앞에서 머물렀다.

경외(敬畏)라는 말이 있다. 경외란 우러러보면서(敬) 동시에 두려운 마음(畏)이 드는 심리적 순간을 뜻한다. 스페인 여행 중에 아이와 함께 그림을 보며 아이와 나는 경외를 느꼈다. 이것은 '나' 자신을 초월해서, 아직 오시 않은 나를 꿈꾸게 하는 순간이었다. 캘리포니아대 버클리 심리학과 교수인 대커 켈트너는 그의 책 『경외심』에서 경외의 순간에 관해 이렇게 말한다. "살다 보면 만나게 된다. '나' 자신을 초월하는 정서에 휘감기는 그 순간을. 1986년작 영화 '미션'의 주제곡 '넬라 판타지아'를 들으며 누구나 전율에 자신을 내맡기듯이 말이다."

삶이 힘들 때 따뜻한 사랑으로
더 나은 세계를 향해 이끌어 주는 것이 예술이다.

사람은 누구나 살면서 어렵고 힘겨운 순간을 맞이할 때가 있다. 어두운 골목 속으로 밀어 넣어져서 영영 빠져나오지 못할 것 같다는 생각이 든다. 이런 순간 음악과 그림과 같은 예술이 작은 위로와 힘을 준다. 삶이 잿빛같이 힘들 때 따뜻한 사랑으로 나를 더 나은 세계로 이끌어 주는 것이 예술이다. 어두운 골목에서 빠져나올 용기를 준다.

일본 록밴드 엑스재팬(X JAPAN)의 리더 요시키는 어린 시절 아버지가 클래식 음반을 자주 사다 줬고, 그것을 계기로 클래식 음악과 가까워졌다고 한다. 그가 10세 때 아버지가 스스로 목숨을 끊었고, 그때의 경험으로 〈엔드리스 레인(Endless Rain)〉이라는 곡을 썼다고 한다. 요시키는 '엔드리스 레인'의 의미를 이렇게 말한다. "아버지를 잃어버린 경험을 하며 삶의 의미를 묻고 싶었다. 슬픔을 씻어내는 비(雨)를 엔드리스 레인(그치지 않는 비)이라고 썼다. 어둠 가운데서도 빛을 향해 가는 노력을 표현하고 싶었다."

요시키는 음악을 "인생을 마주하는 기회"라고 했다. 자신의 인생을 마주하면서 그 인생을 극복해 나아갈 수 있도록 해 주는 것이 예술이다. 음악을 듣고 그림을 보면서, 그 속에서 아름다움을 발견해 내는 사람은, 동시에 자신의 아름다움도 발견할 수 있다. 자신의 아름다움을 발견한 사람은 짙은 어둠 속에서도 빛을 볼 수 있다.

예술은 힘든 삶의 바다에 빠진 사람을 구원해 낸다. 바다에 빠진 사람에게는 빠져나올 수 있게 도움을 주는 구명구가 필요하다. 인생의 함정에 빠졌을 때도 마찬가지다. 현재의 삶이 힘들고 어려울 때, 그 속에서 빠져나올 수 있도록 도움을 주는 구명구가 필요하다. 이때 자신 너머에 있는 어떤 것과의 연결고리가 필요하다. 그 연결고리가 되는 것이 바로 우리 삶에 예술을 불러들이는 것이다.

 아이는 살아가면서 많은 어려움을 겪을 것이다. 인생이 항상 순탄하게 흘러가지만은 않을 것이기 때문이다. 실패와 좌절의 순간도 맞이할 것이고, 한없이 어둡기만 한 슬픔의 순간을 맞이하기도 할 것이다. 그 순간 예술이 아이에게 따뜻한 위로가 되어 주기를 바란다.

삶이 잿빛같이 힘들 때 따뜻한 사랑으로
나를 더 나은 세계로 이끌어 주는 것이 예술이다
어두운 골목에서 빠져나올 용기를 준다

이별

아이에 대한 사랑의 지향점

어느
늦은 저녁 나는
흰 공기에 담긴 밥에서
김이 피어 올라오는 것을 보고 있었다
그때 알았다
무엇인가 영원히 지나가버렸다고
지금도 영원히
지나가버리고 있다고

밥을 먹어야지

나는 밥을 먹었다.

- 한강, 「어느 늦은 저녁 나는」 전문

아이에 대한 사랑의
궁극적 지향점은 이별이다.

2024년 노벨문학상을 받은 한강 작가가 쓴 시 「어느 늦은 저녁 나는」은 작가가 2013년에 펴낸 시집 『서랍에 저녁을 넣어두었다』에 실려 있다. 책 첫머리에 있는 시이다. 시인은 저녁 늦게 수저를 들고 밥을 먹으려다, 모락모락 피어나는 김이 사라지는 것을 보았다. 그것을 보면서, 삶의 시간이 이처럼 지나간다고 생각한다. 지금 이 순간이 영원히 돌아올 수 없음을 느낀다. 그리고 그것이 인간이 살아가는 삶의 진실임을 깨닫게 된다.

아이와 함께했던 즐겁고 행복했던 수많은 순간이 기억난다. 그 순간들이 조금만 더 길었으면 하는 생각이 든다. 그러나 아이는 금방 커 버린다. 그 순간들은 영원히 돌아올 수 없다. 아이는 성장하면서 점점 더 내게서 멀어질 것이다. 영원히 지나가 버린 숱한 순간들이 다시 돌아올 수 없다는 것은 슬픈 일이다. 그럼에도 나는 그 삶의 진실을 당연하게 받아들여야 한다.

아이가 어릴 때 아이는 항상 내 곁에 있었다. 집에서 같이 밥 먹고, 장난도 치고, 많은 이야기를 함께 나누기도 했다. 시간 날 때는 같이 산책도 많이 다녔다. 그렇지만 이 시간은 그리 길지 않았다.

아이가 고등학생이 되면서는 집을 떠나 기숙사 생활을 했다. 그래도 학교가 부산에 있어 보고 싶을 때면 수시로 볼 수 있었다.

대학생이 되면서는 부산을 떠났다. 군대에 들어간 지금은 만나고 싶어도 아무 때나 만날 수가 없게 되었다. 아마 대학 졸업 후에는 한국을 떠나 더 먼 곳으로 갈지도 모른다.

아이에 대한 사랑의 궁극적 지향점은 이별이다. 아이에 대한 사랑이 다른 사랑과 차이 나는 것이 바로 이 부분이다. 아이가 부모의 품을 떠나서 혼자 스스로 잘 살 수 있도록 하는 것이 부모가 행하는 사랑의 목적이다. 그래서 아이를 키울 때 가장 중요하게 생각해야 할 것은 아이가 언젠가는 내 곁에서 떠나야 하는 존재라는 것이다. 아이와 함께하는 순간을 아주 소중하게 생각해야 하는 것은 이 때문이다.

아이와 함께하는 시간을 소중하게 생각해야 한다.

미국 애니메이션 《심슨 가족》의 'Money Bart'라는 에피소드에서 무책임한 아버지 호머는 가장의 책임을 다하지 않고, 술에 빠져 현실을 회피하며 살고 있었다. 그러자 호머의 아내가 이렇게 말한다. "언젠가 아이들은 집을 떠날 거예요. 그러면 당신은 아이들과 더 많은 시간을 보내지 않은 걸 후회하겠죠."

그렇다. 아이는 언젠가 부모 곁을 떠나게 된다. 그때가 되면 아이가 곁에 있을 때 더 많은 시간을 함께 보내지 않은 것을 후회하게 될지도 모른다. 아이와 함께할 수 있는 시간이 소중한 만큼, 아이와 함께할 수 있을 때 많은 시간을 같이 보내는 게 중요할 것이다.

아이가 어릴 때, 우리 가족은 많은 시간을 함께하고자 했다. 당시 나는 주중에는 직장 일로 바쁘게 지낼 수밖에 없어 시간이 제한적이었지만, 주말에는 만사를 제쳐놓고 가족과 함께 시간을 보내고자 했다. 주중에도 저녁 약속이 없는 날에는 일찍 퇴근해서 아이와 함께 시간을 보냈다. 가족이 함께 여행도 다니고, 근교에 나들이도 많이 다녔다. 아이와 함께 책을 읽고, 영화를 같이 보고, 음악을 같이 들었던 시간도 기억이 난다. 그렇지만 아이와 더 많은 시간을 함께하지 않은 것이 후회된다.

부모의 위대함은 아이를 위한 다리의 역할을 충실히 하는 데서 비롯된다.

아이는 언젠가 부모의 곁을 떠난다. 부모의 역할 중 가장 중요한 것은 아이가 혼자 스스로 잘 살 수 있도록 도와주는 것이다. 철학자 니체는 『차라투스트라는 이렇게 말했다』에서 이렇게 말했다. "사람은 목적이 아니라 일종의 교량이며, 사람에게 있어 위대한 것은 그가 하나의 교량이라는 것, 목적이 아니라는 것이다." 사람이 위대한 것은 그가 교량이라는 것을 인식하는 데 있다. 사람은 다음 세대가 잘 살아갈 수 있도록, 다음 세대를 안전하게 미래로 건너가게 하는 다리의 역할을 해야 한다. 부모의 위대함은 자신이 목적이 되지 않고, 아이를 위한 다리의 역할을 충실히 하는 데서 비롯된다.

부모는 과거에서 와서 현재를 사는 사람이 현재에서 출발하여 미래를 살 아이를 키운다는 사실을 알아야만 한다. 자신이 살아온 과거에 아이를 가두지 않는 것, 자신이 살지 않을 미래 속으로 아이를 잘 보내는 것이 부모의 임무이다. 자신이 과거의 모범이자 기준일 수는 있어도, 미래의 모범이자 기준이 될 수 없다는 것을 자각할 필요가 있다. 그렇기 때문에 부모는 아이를 미래로 잘 넘겨주는 다리 역할을 해야 한다.

인간은 유한한 삶을 사는 존재이다. 이러한 인간의 삶이 무한대로 이어지기 위해서는 다음 세대가 자신의 삶을 잘 살아가도록 도와주어야 한다. 부모에게 요구되는 다리의 역할은 인간의 삶을 무한대로 확장해 준다. 아이가 누릴 미래의 시간은 부모의 힘이 미치지 못하는 영역이다. 그렇지만 아이로 인해서 부모의 시간은 아이가 누릴 미래의 시간에까지 이어질 수 있다. 아이는 자라면서 부모로부터 떠나게 된다. 아이가 독립된 정체성을 갖고, 자신이 맞이할 세상에서 잘 살아 나갈 수 있도록 도와주는 것이 부모의 역할이 되어야 한다.

에필로그: 하늘의 전망

"아버지가 말씀하시기를… 완전한 전망은 하나뿐이래요. 우리 머리 위로 올려다보이는 하늘의 전망 말이에요. 땅 위에서 보는 전망들은 다 그걸 어설프게 흉내 낸 거래요."

- 에드워드 포스터, 『전망 좋은 방』 중에서

완전한 전망은
하늘의 전망 하나뿐이다.

소설 『전망 좋은 방』에서 여주인공 루시와 결혼한 조지는 "완전한 전망은 하늘의 전망 하나뿐"이라고 말한다. 하늘에서는 아무것도 걸리는 것 없이 완벽하게 모든 것을 다 볼 수 있다. 아무리 전망이 좋은 방이라고 하더라도 방 안에서 보는 풍경은 한정된 틀 안에 갇혀 있을 수밖에 없다. 하지만 하늘에서는 완전히 아주 멀리까지 자유롭게 사방을 다 볼 수 있다.

나는 아이가 태어난 뒤, 진심으로 좋은 아빠가 되고 싶었다. 그렇지만 그 당시에는 어떻게 해야 아이에게 좋은 아빠가 될 수 있을 것인지 아는 바가 없었다. 참고할 만한 책도 변변히 없었다. 그래서 혼자 많이 생각하고 고민했다. 그 생각과 고민의 내용들이 이 책으로 나왔다.

내가 생각하기에 좋은 아빠는 아이가 스스로 자신만의 꽃을 활짝 피울 수 있도록 도움을 줄 수 있는 사람이어야 한다. 아이가 스스로 자신만의 전망을 가질 수 있고, 자신의 의지대로 자유롭게 살아갈 수 있도록 도움이 되는 사람이다. 이 책에서 서술한 내 생각들이 우리 아이가 하늘의 전망을 가지고 살아갈 수 있는 성인이 되는 데 도움이 되었으리라 믿는다. 앞으로도 나는 아이가 사회적으로 가치 있고, 자율적이고 책임감 있는 성인으로 생활해 나가도록 돕는 역할을 마다하지 않을 것이다.

**하늘의 전망을 가지기 위해서는
책임과 용기가 필요하다.**

아이가 자신의 의지대로 자유롭게 살아가기 위해서는, 자기 삶을 책임질 줄 아는 용기가 있어야 한다. 책임을 진다는 것은, 자신이 처한 현실의 문제를 외면하지 않고 풀어나간다는 뜻이다. 학생이라면 공부라는 자신의 과제를 외면하지 않는 것이 책임을 지는 자세이다. 책임을 지면 능동적으로 자기 인생을 끌어 나갈 수 있지만, 책임을 지지 않으면 외부의 상황에 끌려다니는 수동적인 인생을 살게 된다. 그래서 철학자 니체는 이렇게 말했다. "자유는 우리 삶을 책임질 수 있는 의지이다."

아이가 자신의 삶을 책임지기 위해서는 용기가 필요하다. 용기가 없는 사람은 현실의 문제를 회피하고, 책임으로부터 멀어지려 하기 때문이다. 나는 예전에 한때 술을 너무 많이 마셔서 문제가 되었던 적이 있었다. 그 당시 내가 책임져야 했던 심각한 문제를 어떻게 풀어나가야 할지 몰라서, 그걸 회피하고 싶은 생각에 술을 많이 마셨던 것 같다. 문제에 직면하고, 그걸 책임질 용기가 없었기 때문이다. 아이가 태어난 후 아이의 미소를 보면서 용기를 얻을 수 있었고, 겨우 알코올 문제에서 벗어날 수 있었다.

자신이 살아가야 하는 현실 속의 문제를 대면하고 이겨 낼 용기가 없는 사람은 자기답게 살아갈 수 없다. 과거 한때의 나처럼 알코올 문제에 끌려다니고, 외부의 상황에 끌려다니는 삶을 살아갈 수밖에 없다. 그렇기 때문에 좋은 부모는 아이가 책임과 용기를 가진 사람으로 자랄 수 있게 도움을 주어야 한다.

용기(courage)는 '심장'을 뜻하는 프랑스어 'coeur'에서 유래

되었다. 심장이 피를 순환시켜 온몸의 기관들이 제 기능을 하게 하듯, 용기 또한 인간의 정신이 현실에서 제 역할을 하도록 이끄는 원동력이다. 용기는 선택과 책임 앞에서 느끼는 두려움을 극복하게 해 준다.

모든 인간은 살면서 여러 힘든 일을 겪는다. 아이도 앞으로 살아가면서 수많은 새로운 경험을 하게 될 것이고, 그 과정에서 무수한 실패와 좌절의 순간들을 맞이하게 될 것이다. 이를 어떻게 극복하고 성장하느냐에 따라, 인간의 삶은 달라진다. 나는 아이가 이러한 순간을 맞이했을 때, 아빠와 엄마를 생각하면서, 앞으로 나아갈 수 있는 용기를 얻기를 바란다. 부모의 따뜻한 사랑을 느끼는 아이는 책임과 용기를 통해서, 진정 자유로운 하늘의 전망을 가질 수 있을 것이다.

작가 인터뷰

이 책을 집필하게 된 계기는 무엇인가요?

아이가 어렸을 때 저도 아빠로서의 경험은 처음이라 어떻게 해야 할지 막막한 날이 참 많았어요. 참고할 만한 마땅한 책도 발견하기가 쉽지 않았죠. 특히 아빠 입장에서 육아 관련 책을 쓴 경우는 보기가 어렵더라고요. 그래서 제가 아빠로서 경험하고, 생각한 내용을 토대로 직접 그런 책을 써보면 어떨까 싶었어요. 아이들 양육에 어려움을 겪고 있는 분들에게 작은 도움이라도 되었으면 해요.

아버지로서 처음 도전하신 글쓰기라고 알고 있어요. 책을 쓰기 전과 후, 달라진 점은 무엇인가요?

고맙게도 아들과의 관계예요. 사실, 아버지로서 책을 쓰면서 가장 중요한 독자는 스무 살 성인이 된 우리 아이라고 생각했어요. 책이 나오기 전에 아이에게 원고를 먼저 보여주었죠. 아이가 제 진심을 더욱 깊이 알게 되면서 이전보다 훨씬 더 돈독한 관계가 되었어요. 앞으로도 아이가 자신이 꿈꾸는 미래를 향해 나아갈 때, 이 책이 등대와 같은 역할을 해 줄 것이라 기대하고 있어요.

'전망 좋은 아빠'가 되기 위해 가장 중요하다고 생각하는 단 한 가지를 꼽아주신다면요.

아빠의 생각을 아이에게 강요하지 않는 것이 무엇보다 중요하다고 생각해요. 아이가 아주 어릴 때는 엄한 훈육이 필요한 경우가 있지만, 그 시간이 지나고 나면 아이 스스로 느끼고 생각해서 행동하도록 하는 것이 필요하죠. 아이가 어떤 결정을 할 때, 옆에서 조언을 할 수는 있지만 강요를 하거나 대신해 주어서는 안 돼요. 그저 아이 옆에서 같은 자세를 취해주는 것만으로도 '전망 좋은 아빠'가 될 수 있을 거예요.

전망 좋은 아빠가 되고자 하는 작가님의 진심이 곧 위로이기도 했는데요. 이런 글을 쓴 작가님의 아버지는 작가님께 어떤 영향을 주는 분이었는지 궁금합니다.

아버지는 시골의 가난한 소작농 집안의 장남으로 태어나서 평생 힘든 삶을 사셨던 분이었어요. 학력은 일제 강점기 때 초등학교에 다닌 것이 전부였고, 돌아가실 때까지 영어 알파벳을 읽지 못해 불편함을 겪으시기도 했어요. 항상 조상과 웃어른에게 잘해야 한다는 생각을 가지고 사셨지만, 스스로 좋은 조상이 되어야 한다는 생각은 하지 못하셨던 것 같아요. 이런 이유로 가족 내에서 아버지의 자리는 비어 있는 경우가 많았고요. 저는 살면서 아버지와 깊이 있는 대화를 한 번도 나누어 본 적이 없어요. 그래서 제가 아버지가 되었을 때, 아버지의 역할에 대해 다른 사람보다 더 많이 고민하고 생각하게 된 것이 아닌가 싶어요.

모든 글을 여는 인용문들이 글의 핵심 메시지를 관통하고 있어요. 평소 이러한 영감은 어떤 과정과 계기를 통해 얻으시나요?

책을 쓰면서 가장 먼저 자녀 양육에 관한 내용을 서른한 개의 키워드로 정리해 봤어요. 키워드마다 핵심 메시지를 담은 인용문을 함께 제시하면 좋겠더라고요. 이런 생각을 하던 중 평소 인상 깊게 보았던 책 구절, 영화나 TV 드라마 대사, 노래 가사, 신문 기사 등을 정리해 둔 메모 노트가 떠올랐어요. 메모 노트에 있는 내용들 중에 키워드와 연결시키면 좋겠다 싶은 것들을 골라서 책에 수록하게 되었어요.

'책 읽는 뇌'의 중요성을 강조하셨어요. 자라나는 아이들, 그리고 자녀를 양육하고 있는 부모님들께 각각 추천하는 책이 있다면요.

자라나는 아이들에게는 어떤 특정한 책보다는, 여러 책을 많이 읽기를 권하고 싶어요. 아이가 재미있어 할 만한 책을 골라서 읽히는 게 중요한 것 같아요. 책 읽는 시간이 좋은 기억으로 남으면 책에 대한 흥미로 자연스레 연결될 수 있거든요.

부모님들에게는 『마인드셋』을 추천하고 싶어요. 고정 마인드셋과 성장 마인드셋의 차이를 이해할 수 있게 해주고, 평생 성장할 수 있다는 성장 마인드셋의 중요성을 알려주는 책이에요. 자녀 양육뿐만 아니라 부모님들의 삶을 살아가는 데 있어서도 굉장히 유용할 거예요.

디지털 기기 활용이 불가피한 시대에 아이를 키우는 부모님들에게 팁을 주신다면요.

아이와 의논해서 디지털 기기 사용에 관한 합의된 규칙을 만드는 게 필요하다고 생각해요. 시간을 정해서 딱 그 때만 사용하게 하는 것 등을 예로 들 수 있겠죠. 이렇게 정한 규칙은 특별한 경우를 제외하고는 꼭 지킬 수 있도록 통제해야 하고요. 일관성 없는 규칙은 아이에게 혼란을 줄 수 있기 때문에 마음이 약해지지 않도록 마음을 다지는 것도 중요해요.

앞으로 계획하고 있는 새로운 도전이나 목표가 있으신가요?

25년 넘게 대학에서 전임 교수 생활을 하다가 명예퇴직을 하고, 현재는 같은 대학에서 초빙교수로 근무하고 있는데요. 아무래도 전임 교수로 있을 때보다 시간적 여유가 많아졌어요. 이번 책을 계기로 대학생이 아닌 성인 학부모 대상의 교육에 도전해 볼 생각이에요. 개인 미디어 채널도 개설해서 접점을 넓혀나갈 계획도 가지고 있고요. 새로운 책을 쓰는 것에도 도전하고 싶어요. 제 아이가 이제 20대가 되었는데, 제 아이와 같은 20대 청년들이 자신의 전망을 좋은 방향으로 이끌어나가는 데 기여하는 글을 써보고자 해요.

좋은 부모가 되고자 고군분투하고 있을 독자들에게 꼭 전하고 싶은 이야기가 있다면요.

좋은 부모가 되고자 하는 노력을 부모의 일방적인 희생으로만 생각하지는 않으셨으면 해요. '전망 좋은 부모'가 된다는 것은, 아이에게만 전망 좋은 부모가 되는 것을 넘어서 부모님들 스스로의 전망도 좋은 방향으로 성장시켜 나갈 테니까요.

아이들은 부모의 행동과 말을 모방하며 자라난다고 하셨어요. 하지만 좋은 부모의 상 없이 자란 부모님들도 참 많을 텐데요. 마지막으로 이런 독자들에게도 한 말씀 부탁드려요.

좋은 건물을 짓기 위해서는 먼저 좋은 설계도가 있어야 해요. 마찬가지로 좋은 부모가 되기 위해서는 먼저 좋은 부모에 대한 자신의 생각이 있어야 한다고 생각해요. 좋은 부모의 상이 부재하는 상황에서 자란 부모님들의 경우, 오히려 좋은 부모의 모습에 대해 자유롭게 생각할 수 있는 기회가 열려 있다고도 할 수 있어요. 특정 부모의 상에 매여 있지 않아도 되기 때문이죠. 아이와 많은 시간을 보내면서 아이에게 정말 필요한 좋은 부모의 모습에 대해 깊이 생각한다면, 반드시 그 해답을 찾을 수 있을 거예요.

작가 홈페이지

전망 좋은 아빠

영재 아이를 키운 아빠의 생각

발행일 2025년 7월 14일

지은이 김형곤
펴낸이 마형민
기획 페스트북 편집부
편집 곽하늘 이은주 홍은혜
디자인 김안석 표진아
펴낸곳 주식회사 페스트북
홈페이지 festbook.co.kr
편집부 경기도 안양시 동안구 관악대로 488

© 김형곤 2025

ISBN 979-11-6929-838-4 03370
값 16,000원

* 이 책은 저작권법에 의해 보호를 받는 저작물이므로 무단 전재와 무단 복제를 금합니다.
* 페스트북은 작가중심주의를 고수합니다. 누구나 인생의 새로운 챕터를 쓰도록 돕습니다. creative@festbook.co.kr로 자신만의 목소리를 보내주세요.